Martin Schröder

Professor der Monstrologie

Epi und die Monster

Eine erbauliche und amüsante Satire, entstanden aus einer Dissertation im Fachbereich Monsterbau über die Fachhochschule Monsterhafen.

<u>Referent:</u> Epi

<u>Korreferenten:</u> Die Monster

An diesem Buch sollen sich erfreuen:

Angela, die Verständnisvolle,
Nick, der hilfreiche Geist,
Theo, der Katalysator,
alle geplagten Studenten,
alle Monstrologen und
alle sehenden Menschen,
jede geneigte Leserin,
jeder geneigte Leser,
und natürlich auch

Epi und die Monster

Danksagung:

Der Dank des Verfassers gebührt den Dozenten und Assistenten der Fachhochschule Monsterhafen, ohne die dieses elaborate epische Werk nicht hätte erstellt werden können, meinem Kommilitonen Theo für etliche Anregungen und blumige Formulierungen und allen anderen, die mir bei der Erstellung dieses Buchs zur Seite standen.

Ein besonderer Dank gebührt den Lektoren dieses Werkes, deren konstruktive Mitarbeit mir eine unverzichtbare Hilfe war.

Hinweis:

Dieses Buch ist eine Satire. Die Grundlagen für diese Satire wurden in dreijähriger sorgfältiger monstrologischer Tätigkeit zusammengetragen und unter konsequenter Anwendung des im Studium der Monstrologie erworbenen Wissens analysiert. Aus dieser Analyse entstand das vorliegende Werk, das nicht gänzlich frei erfunden ist, aber auch nicht völlig der Realität entspricht. Ähnlichkeiten mit noch lebenden oder bereits verstorbenen Personen sind also nicht auszuschließen.
"Aber Sie brauchen keine Besorgnisse zu haben, ich habe alles so stark übertrieben, daß kein Mensch Sie wiedererkennt."
(Heinz Rühmann in "Die Feuerzangenbowle".)

Die Intention des Autors ist auch nicht die Verunglimpfung irgendwelcher Persönlichkeiten, sondern allein die Erbauung der Leser in Form einer Eulenspiegelei. Deshalb sei auch darauf hingewiesen, daß die Abbildungen in diesem Buch, sofern sie menschlichen Wesen ähnlich sind, lediglich Charaktere darstellen sollen, nicht jedoch konkrete, also real existierende Personen. Sollte sich jemand in den Bildern wiedererkennen, so wäre das nun wirklich Zufall, und er trage es bitte, ganz im Sinne dieses Buches, mit Humor.

Der Verfasser

Inhalt

Prolog

Es war einmal ...

Ja, auch diese Geschichte fängt so an, sind ihre Ursprünge uns doch aus dunkler Vergangenheit der Sage gleich überliefert. Die Sage und die Mär, wo kommen die wohl her? Doch wohnt in ihnen ein wahrer Kern, drum haben wir sie auch so gern.

Es war also einmal ein kleiner Mann, der gerne ein ganz großer sein wollte. Fehlte es ihm auch dazu an Wuchs, so war ihm doch diese Ambition von Kindesbeinen an in seine Wiege gelegt, entstammte er doch einem adligen Geschlecht und führte dieserhalb den Namen "Ekler vom Epistein".

Allein, in unserer heutigen modernen, unromantischen, nüchternen und technokratischen Welt zählt der wahre Adel, so er denn nicht wie in Austria verboten ist, noch weniger als der durch Geld erkaufte Adelstitel (der sog. "Wegen-Adel"), sondern bevorzugt der Geldadel derjenigen, die ein übervolles Portefeuille ihr Eigen nennen.

Dieser Umstand brachte es hervor, daß man den vom Epistein nur kurz und knapp mit "Epi" anredete. Des Leides voll fügte sich Epi in dieses ihm auferlegte Schicksal, schrieb sich aber, seinen großen Ambitionen folgend, hinfort EPI und gebrauchte gerne den Namenszusatz "Major", denn das heißt "der Größere".

EPI war, wie gesagt, von kleinem Wuchs, schlank und drahtig, wie er meinte, und sein ohnehin strammes aristokratisch-militärisches Aussehen wurde noch verstärkt durch seinen streng geschnittenen rötlichen Knebelbart und die scharfe Zornesfalte auf seiner Stirn, die an die sphärische, undurchdringliche und virile Stärke, Strenge und Erhabenheit alter Adelsportraits erinnerten. Allerdings hatte er den meisten von ihnen ein edleres, feiner und doch schärfer geschnittenes Antlitz, ein markanteres Profil und eine ohne Zweifel gesündere Gesichtsfarbe voraus. Sein klarer Blick war stahlblau und zielgerichtet, scharf und durchdringend, voller Energie und bar jeglicher Dekadenz.

Irgendwie sah EPI durchaus einem altertümlichen Magister, im Volksmund auch Pauker genannt, ähnlich. Und so war es in der Tat: EPI war Lehrer an einer Ingenieurschule, wo er den Schülern, in althergebrachter Weise strenge Disziplin verlangend, auf brachiale Art Daten, Fakten und Kennwerte einbleute, jedoch nur, um sie hernach aus ihnen mittels Kolloquien, Exerzitien und Klausuren mit vampirischer Lust wieder herauszusaugen.

Neben dieser in der Volksmeinung als ehrenvoll anerkannten Tätigkeit ging EPI jedoch anscheinend noch einer anderen, etwas mysteriösen Beschäftigung nach. Er hielt sich nämlich gerne, aber seinem eigentlichen Fachgebiet nicht entsprechend, im Labor für Hochspannungstechnik auf.

Man fragte sich oft, was er da zu suchen habe, denn ein jeder, der zu später Stunde das Licht im Labor brennen sah, konnte, wenn er denn hineinguckte, EPI dortselbst herumhuschen sehen.
Er hatte einen langen, weißen Kittel von Linnen an, über den er des öfteren einmal stolperte. So torkelte er im Labor herum, und jeder, der des Ganzen ansichtig wurde, fragte sich bange:
"Was macht dieser kleine Mann mit den scharfen Adleraugen unter den buschigen Brauen noch zu solch später Stunde in diesem Labor? Warum schwankt er so, als sei er trunken, und wozu benötigt er die urgewaltige Kraft der hochgespannten Elektrizität ??"

Nun, dem Gerücht nach verwandte EPI die Hochspannungsanlagen zu frankensteinschen, oder, wie er es zu bezeichnen pflegte, zu

EPILOGISCHEN EXPERIMENTEN.

Er wollte also offenbar künstliches Leben erschaffen, nämlich

MONSTER !!!

Den geneigten Leserinnen und Lesern sei an dieser Stelle kundgetan, was das Wort "Monster" eigentlich bedeutet, nämlich:

"<u>M</u>ensch <u>o</u>hne <u>n</u>atürliche <u>S</u>eele, <u>t</u>echnologisch <u>e</u>rschaffen oder <u>r</u>eanimiert"; also ein klinisch erschaffener, faustisch-homunkulischer Korpus, ein Artefakt, menschenähnlich zwar, doch bar jedes natürlichen Ursprungs und ohne eine eigene Identität.

Dieses Monstermachen soll EPI von Kindesbeinen an in obskuren Büchern und auf flackerndem Zelluloid wie gebannt studiert haben, und die Idee, die Fiktion zur Realität werden zu lassen, habe ihn seither verfolgt, von seinem Geist Besitz ergriffen, ihn vereinnahmt, ja, ihn gar besessen gemacht in seinem blinden Wahn beim Streben nach diesem Ziel - so geht das Gerücht.

                      xo munkelt man. Wo ist der wahre Kern
                      der Sage von EPI und seinen Monstern?
                      Folgt meinen Worten mit großem Bedacht,
                      und lest nun, was EPI hat weiter gemacht.

Dr. Frankenstein,
EPIs Vorbild.

Frankensteins Erstling

Das JePi

Jahrelange Mühsal, Schweiß, Gehirnschmalz, Energie und Licht hatte EPI schon bei seinem mysteriösen Tun verwandt, doch die so innig herbeigesehnte Schöpfung eines lebendigen Wesens war ihm trotzdem verwehrt geblieben.

Nur eine goldfarbene, geheimnisvoll schäumende Brühe von eigenartig fadem Geschmack hatte sein Schaffen hervorgebracht, die EPI provisorisch in schlanke, grüne Phiolen von seltsamer Form abfüllte und mit der Aufschrift "JePi" versah, seiner selbst eingedenk und als Abkürzung für "Jämmerlicher epischer Pipikram".

Später dann, als ihn die Verzweiflung über die verlorene Mühsal übermannte, verleibte sich EPI den Inhalt etlicher dieser Flaschen ein, um damit seinem Leben und seiner Enttäuschung durch diese ach so schnöde Welt ein Ende zu setzen.

Allein, die erhoffte letale Wirkung des Gebräus blieb aus, und EPI erwachte in der Früh, durch einen furchtbaren Druck in seiner Blase unsanft aus seinen Träumen gerissen, mit einem heftigen Kopfweh, allgemein auch als Kater bekannt. Das einzige, woran er sich erinnern konnte, war ein arger Zorn auf sich selbst, die Welt im allgemeinen und Gott im speziellen, bevor ihn die barmherzigen Schwingen eines tiefen Schlummers umfingen.

Dies brachte nun EPI, durch Askese und mangelnde Erfahrung geprägt, nach emsiger Suche in der Literatur nach dem vermeintlichen Gift zu der Erkenntnis, daß der erschaffenen Substanz arglistigerweise ein alkoholischer Geist innewohnen müsse, der die Menschen bei verstärktem Genuß zornig und aggressiv machte und Zank und Hader zwischen ihnen entfachte.

Mit solch einer Essenz war EPI natürlich nicht gedient, aber er versuchte doch, aus ihrer Existenz Kapital für künftige Aktivitäten zu schlagen und bot sie deshalb einem heimischen Unternehmen zur Verwertung an. Dieses kaufte EPI alle Rechte an Rezeptur, Namen und

Flaschenform für einen relativ geringen Betrag ab, der ihn immerhin kurzfristig für weitere Experimente liquide machte.

So wiegte sich EPI denn in dem Glauben, er sei das mißratene Abfallprodukt seiner Experimente gewinnbringend losgeworden.

Weit gefehlt jedoch! Denn die Käufer analysierten alsbald ihrerseits die Mixtur und fügten ihr zur Geschmacksabrundung eine ganz erhebliche Menge an Hopfen hinzu. Dieser ließ das Gebräu zwar recht bitter schmecken, beugte aber der Aggression des Alkohols insofern vor, als er auf die Seelen der Trinker beruhigend wirkte und sie somit vom Zorn hinweg sanft in die Arme des Morpheus geleitete.

Diese nunmehr dem Getränk innewohnende Eigenschaft bezeichnete die Brauerei hinfort als "hopfenherb", hob dieses Charakteristikum unter dem Ansinnen der Werbung für das Gebräu besonders hervor und verkaufte es mit gewaltigem Erfolg und entsprechend großen Gewinnen wiederum unter dem Namen "JePi", welcher aber diesmal bedeutete: "Jedermanns Pilsener".

Angesichts seines doch recht mageren Erlöses ärgerte sich EPI gar sehr und stellte sich die Frage, wie denn dieser Fehlschlag hatte geschehen können.

Nun, daran war bestimmt der Alchemist Bombe schuld, den EPI in seinem Dilettantismus einmal um Rat gefragt hatte und der es in seinem Labor immer knallen, blitzen und stinken ließ, sich andererseits aber darüber aufregte, wenn mal einer seiner Schüler eine Mixtur nicht richtig umrührte, worauf diese dann auf der Flucht vor der Qual der Erhitzung danach strebte, der Enge des Erlenmeyer-Kolbens und seines noch engeren Halses zu entweichen und demzufolge aus ihrem Gefängnis flugs und geraden Weges in die unendliche Freiheit der Labordecke entfloh, von wo man sie dann mittels einer Stehleiter in luftiger Höhe wieder einfangen, in einen Eimer kratzen und in die Kehrichttonne einsperren mußte.

Also, jener Bombe, der Schuft, hatte bestimmt den unwissenden EPI übers Ohr gehauen und den Hopfen absichtlich weggelassen! Anders konnte es doch gar nicht zu erklären sein, und womöglich stand Bombe gar noch in geheimem Pakt mit der Brauerei?!

Also forschte EPI ob dieser seiner trüben Erfahrung hernach doch lieber allein weiter, und er forschte und forschte, und die steile Falte auf seiner Stirn wurde tiefer und tiefer.

Wann nur, ach wann, sollte sich endlich der so lange, innig und qualvoll ersehnte Erfolg für ihn einstellen ???

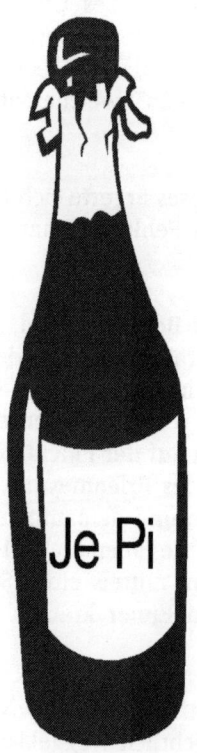
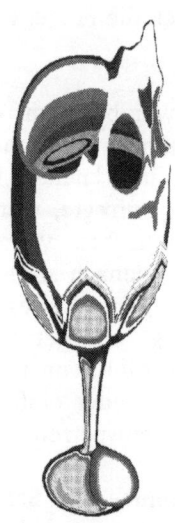

Epigenesis

Es geschah in einer finsteren Vollmondnacht. Der Wind schwieg ausnahmsweise, und ein kalter Hauch von Ewigkeit lag über dem flachen, windgebeutelten Land. Vereinzelte Blitze zuckten zackig über den rabenschwarzen Himmel, die Uhus schrien unheilverkündend neben ihren Tuben, als wollten sie all die toten Seelen der vergangenen Geschlechter heraufbeschwören, und die Werwölfe schlichen um das düstere Gemäuer der Ingenieurschule und heulten verzweifelt das ganze Elend ihrer Qualen wider den Mond.

Erstarrt und wie ausgestorben lag die Ingenieurschule da. Doch aus dem Fenster des Labors für Hochspannungstechnik fiel, heller noch als der Mondschein, ein breiter Streifen verschwendetes Licht.

Drinnen war EPI, ganz allein und für sich, denn sein großer Versuch erfolgte, wie es allgemein üblich ist, unter strengem Ausschluß jedweden Publikums.
EPI huschte voller Betriebsamkeit im Labor hin und her, stolperte hin und wieder über seinen viel zu langen Kittel, schaltete riesige, altmodische Spulen und Transformatoren ein, welche alsbald durchdringend zu summen und zu brummen anhuben.

EPI war dieses rechtmaßen lästig, doch konnte sich die Schule keine moderneren und besseren Gerätschaften leisten, und man mußte halt mit dem vorlieb nehmen, was zur Verfügung stand.
So vertiefte sich lediglich die Zornesfalte auf EPIs Stirn noch ein wenig, und er schaltete und waltete weiter.

Hunderte elektrischer Lämpchen begannen zu glühen oder zu flackern, Zeiger spielten nervös über ihre Skalen, bis sie sich bei Werten fingen, von denen der selige Doktor Frankenstein beileibe nur hätte träumen können. Und sehet dort, in der Mitte des Labors - da stand doch tatsächlich ein Operationstisch!

Gigantische Energiefelder umspielten ihn, bald hier und bald dort aufzuckend, wenn sie den Tisch oder die von ihm herabhängenden Leitungen berührten und gegen Masse schlossen.

Faszinierend, nicht wahr? Aber bitte, was hat denn ein OP-Tisch in einer Ingenieurschule zu suchen? Und was gab es dort noch alles für Dinge, die es in dem Labor eigentlich gar nicht geben durfte:
Eine Herz-Lungen-Maschine, Tomographen, ein Nierendialysegerät, EEG, EKG, Scanner, Röntgengerät, Defibrillator, Adrenalinspritzen in rauhen Mengen und chirurgische Geräte in noch rauheren.
Der Fußboden war geradezu gespickt mit Skalpellen, Wundhaken und Wundspreizern. Nadelhalter mit eingesetzten Nadeln und nicht resorbierbaren Fäden machten das Betreten des Labors für jeden Unvorsichtigen zu einem prickelnden Erlebnis.

Hierbei wird wohl offenbar, daß EPI, der chirurgischen Hygiene weitestgehend unkundig, offenbar nach dem Wahlspruch arbeitete:
"Steril bleibt steril, auch wenn es auf die Erde fiel."
Immerhin, wenigstens die Schnabeltasse hatte er saubergemacht.

Was war nun an die ganzen Geräte angeschlossen? Ein regloser Körper natürlich, was denn sonst. Dort lag er, auf dem offenbar aus einer nahen Klinik geklauten Operationstisch, verborgen unter zwar porentief reinen, doch leicht angegrauten Leinentüchern, die EPI mittels eines bekannten Waschmittels reinzuweichen geglaubt hatte.

Nur schemenhaft schimmerten die Umrisse des regungslosen Körpers durch das bleiche Linnen, und so lag er dort, starr und steif, still und stumm, in Erwartung des belebenden Elektroschocks.

Doch der kam noch nicht, denn EPI mußte unvermittelt zu einer außerordentlichen Konferenz. Derartiges könne nämlich ohne ihn nicht stattfinden, so glaubte er. Doch diesmal hielt er sich nicht lange mit Wiederholungen auf, sondern brachte die Konferenz schnell auf ihr Ende zu, um kurz vor demselben zu verschwinden und in sein Labor zurückzueilen.

Als er aber just seine Gerätschaften wieder in Betrieb genommen hatte, erschien der Hausmeister und tat ihm kund, daß in der Schule des Abends grundsätzlich nur bis zehn Uhr gearbeitet werden dürfe. So entfernte sich EPI dann erstmal, um nicht unangenehm aufzufallen, geschweige denn, irgend jemandes Verdacht zu erregen. Nach oben hin verhielt sich EPI stets geschickt: diplomatisch, devot oder demütig, je nach Bedarf.

Am nächsten Abend zog es EPI natürlich wieder in sein Labor. Irgendwer schien dortselbst jedoch aufgeräumt zu haben, so daß EPI seine Gerätschaften nicht wiederfand und es ihn geraume Zeit kostete, bis das Experiment erneut beginnen konnte.
Wieder summte und brummte es, das Klacken von Relais hallte scharf durch den Raum, von dessen Decke sich surrend eine gewaltige Elektrode senkte, die in etwa wie folgt aussah:

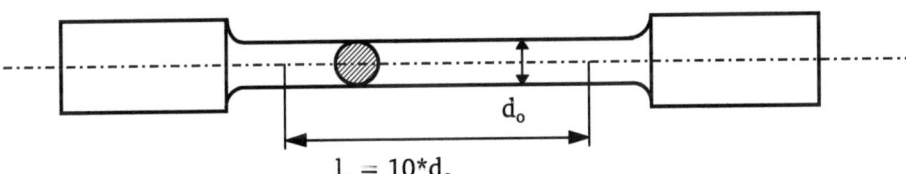

$$l_o = 10 * d_o$$

Es handelte sich um eine epilektrische Monstrode. Langsam, aber sicher senkte sie sich herab auf die Stelle, wo das kalte Herz der vermummten Gestalt vage zu vermuten war, kam langsam näher:

5 ... 4 ... 3 ... 2 ... 1 ... K O N T A K T !!!

Eine gewaltige Entladung tauchte den Raum in ein gleißendes Licht.
Die Skalen der Meßgeräte schnellten hoch, Lebensfunktionen verheißend. Aus starrer Rückenlage heraus vollführte die Mumie einen fulminanten Senkrechtstart. Indes, exakt bei $s_s = 0,4976$ m war bereits $v_s = 0$, und ½ g t², die Erdanziehung, kam voll zur Entfaltung. Dem entsprechend war der Knall, mit dem der Körper auf den Operationstisch zurückfiel. Überproportional war EPIs Triumph. Aber geradezu sagenhaft war das, was sich langsam und ungelenk aus den Tüchern schälte und sich dann tapsig vom Operationstisch erhob:

Graue Tonsur, riesige Augen unter einer dicken Brille, eine große Nase in einem faltigen Gesicht - so stand es da, noch leicht unsicher, in seiner viel zu langen braunen Jacke, und begann langsam und vorsichtig, von einem Bein aufs andere zu trippeln, nicht ohne EPI dabei aus seinen großen Augen unverwandt anzusehen.

"Wie unschön es aussieht", dachte EPI, in seinem Stolz etwas gedämpft und verzog das Gesicht, sagte es aber nicht, sondern sprach: "Ich bin dein Meister. Grüße mich!" Doch das Monstrum starrte ihn nur verständnislos an, versuchte ein zaghaftes Lächeln, fuhr sich mit den Händen über sein Antlitz, krächzte ein heiseres "Ch, ch!" und schwieg. "Es will sich sicher erst mal waschen", dachte EPI, "reinlich scheint es doch zu sein." Also trennte er die Verbindungen zwischen dem Wesen und den Geräten ab, nahm es bei der Hand und führte es zur nächstgelegenen Toilette.

Kaum sah sich das Monstrum im Spiegel des Aborts, so riß es seine Augen gleich riesigen Tellern auf, zeigte von Panik erfüllt auf sein Spiegelbild und stammelte: "Ba-u-rat, Ba-u-rat!" Dann drehte es sich abrupt um, rannte EPI über den Haufen und rannte und rannte und rannte ...

Schwitzend und keuchend folgte EPI ihm und konnte aus großer Ferne gerade noch gewahr werden, wie das Monster in der Nähe des Neuen Busches den ehernen Deckel einer Gruft öffnete, in die Gruft hineinsprang, den Deckel hallend hinter sich zuschlug und ihn mit aller Kraft von innen festhielt.

Wütend zerrte EPI mit all seiner Kraft an dem Deckel, der sich auch um wenige Millimeter hob. Doch dann obsiegte die unweltliche Kraft des Monstrums, und der Deckel schloß sich wieder. So ging es wieder und wieder im Wechselspiel der Kräfte, bis EPIs Kräfte erlahmten. Daraufhin versuchte EPI es mit Autorität und brüllte Sachen wie "Meister", "Gehorsam" und "Bestrafung".
Allein, die einzige Reaktion war ein schallendes "Unrat, Unrat, Unrat!!!", das aus der Tiefe dumpf an EPIs Ohren hallte, und als ob des Getöses in der Ferne einige Lichter in den Behausungen der Anwohner entzündet wurden, flüchtete EPI nun seinerseits, eine Entdeckung seines Treibens befürchtend.

Die Gruft indes sollte fürderhin das Domizil des Monsters bleiben, und wie man später herausfand, bedeutete das gestammelte "Ba-u-rat" nichts anderes als "Ba, ungeschickt geraten!" So sollte denn auch "ungeschickt" das Lieblingswort des Wesens werden, und der Beiname "Baurat" blieb als eine Art Ehrentitel an ihm haften.

Wegen seines Geburtstraumas, des elektrischen Schlages, fürchtete das Wesen die Elektrizität gar sehr und scheute auch das elektrische Licht, welches es in seiner Gruft durch Glühwürmchen, faulendes Holz und blakende Kienspäne ersetzte. Dessen eingedenk und wegen seines seltsamen Aussehens und seines einsiedlerischen Höhlenlebens gab EPI seiner Schöpfung den offiziellen Namen "OPA", welcher bedeutet "Old Prototype Apemonster".

Das Gerücht

So also ist sie überliefert, die Kunde von der Erschaffung des OPA, und es wird gemunkelt, daß der Urheber der Mär auf mysteriöse Weise von der Schule verschwunden sei.
Des weiteren ging aber das Gerücht um, EPI habe es nicht bei der Erschaffung nur eines Monstrums bewenden lassen, sondern sein verwerfliches Tun gar mannigfaltig wiederholt!

Allein, die Bestätigung des Gerüchts oder gar ein wissenschaftlich exakter Beweis ließ auf sich warten, auch wohl deshalb, weil sich niemals jemand bemühte, ihn zu erbringen. Hatte doch auch angeblich noch niemand je ein Monster zu Gesicht bekommen, und man glaubt bekanntlich nur, was man auch sieht.

So lachten denn die Bewohner und Studenten Monsterhafens nur, wenn das Gerücht an ihre Ohren drang, und Hohn und Spott ward dem Erzähler zuteil. Monster - ha, ha, das war doch finsterer Aberglaube, aus alten Sagen und Mythen überliefert, von kranken Spinnern auf Papier und Zelluloid gebannt, um das Volk zu verdummen. Monster - so etwas gibt es doch nicht in unserer modernen, technisierten Welt, und die Geschichten darüber sind doch nur dazu angetan, kleinen Kindern Furcht einzuflößen, sie einzuschüchtern und gehorsam zu halten, so sagt man. Monster? Zum Totlachen, ha, ha, ha! Wer hat denn Angst vorm schwarzen Mann?

Doch wehe Euch, Ihr Ungläubigen, ob des Grauens, das Euch noch zuteil werden und Eure Gebeine bis ins Mark erschüttern wird! Denn auch uns erreichte das Gerücht über EPIs nächtliches Treiben als wir anhuben, uns den Freuden des Studentenlebens an der Ingenieurakademie, die sich mittlerweile zur Fachhochschule gemausert hatte, hinzugeben. Indes, bei einigen von uns stieß die Botschaft nicht auf taube Ohren, wohnte doch in jeder Sage ein wahrer Kern und waren wir es doch gewohnt, unseren Geist in allen denkbaren und undenkbaren Dimensionen schweifen zu lassen, dieweil wir noch nicht in verknöcherten Denkschemata erstarrt waren.

So waren wir bereit, das Unmögliche für möglich zu halten und festen Willens, dem Geheimnis der Monstersage nachzugehen und es, wenn irgend möglich, zu lüften.

Alsbald begannen wir emsige Nachforschungen, die jedoch alle im schmutzigen Sand des industrieverseuchten und von Wattschweinen zerwühlten Strandes verliefen, den ein genialer Planer zwischen allerlei Ladebrücken und dem Deich angehäufelt hatte und der diesem Geniestreich entsprechend "Geniestrand" genannt wurde.
Nie fanden wir auch nur die leiseste Spur, vielleicht deshalb, weil die Lösung des Rätsels so naheliegend war?

Nun, letztlich sollte sich doch ein Licht im Dunkel zeigen, das das furchtbare Geheimnis umhüllte. Doch welchen Preis mußten wir für die Erkenntnis bezahlen, welche Seelenqualen erleiden! Denn wir mußten es erleben, und es verfolgte unsere gequälten Gemüter noch lange bis in unsere tiefsten Träume hinein und bescherte uns die furchtbarsten Nachtmahre ...

Das Grauen im Park

Eines Abends, ja, an demjenigen, den wir am liebsten aus unserem Gedächtnis tilgen würden, weil für uns das Grauen begann, nun, just eben an diesem Abend sollte uns die so fürchterliche Erkenntnis zuteil werden, die uns zutiefst erschüttern und uns fürderhin am Sinn unseres Studentenlebens zweifeln machen sollte.

Wir gaben uns einmal wieder dem Lustwandeln im Park hin wie schon des öfteren abends, wenn wir durch seltsame Geräusche herbeigelockt worden waren, die sich durch Käuze, Werwölfe und anderes Getier allein nicht erklären ließen und die der Wind gleich teuflischem Singsang zu unserer Wohnstatt herübertrug.

Nun, an diesem Abend schwieg der Wind, und auch wir waren sehr schweigsam und in unsere Gedanken vertieft. Nur das monotone Klikken unserer silbernen Spazierstöcke, die wir zur Abwehr von Werwölfen mit uns führten, durchbrach die Stille, und verloren hing der Geruch des zum Abschrecken der Vampire mitgebrachten Knoblauchs in der bleiernen, feuchten, kühlen Luft.

Wabernde Nebelschleier drückten auf unsere ohnehin angespannten Gemüter, die schwer waren von der Last der Konstruktion eines Ventils mit schrägem Sitz und von beträchtlicher Nennweite, die auszuführen man uns am Nachmittag auferlegt hatte.

Dichter wurden die Nebel, nur der Kamin der Fachhochschule war noch zu sehen, aber auch nur dann, wenn man einen Baum erklomm. Totenstille war um uns herum, ein jedes Getier und Gewürm hatte sich angstvoll in seine Behausung verkrochen. Nicht einmal von den Werwölfen und Vampiren war eine Spur. Allein, wir wären ihrer auch kaum gewahr geworden, denn unsere Sinne waren abwesend und gar bald hatten wir uns in den Tiefen des Parks verirrt. Ein elektrisches Feld, dem wir noch niemals vorher im Park begegnet waren, kreuzte lautlos unseren Pfad, ließ unsere Haare rechtwinklig zu Berge stehen und jagte uns kalte Schauer über den Rücken, bevor es in Form eines Kugelblitzes kichernd von dannen hüpfte und nur einen brenzligen Geruch hinterließ.

Wir fürchteten uns daraufhin gar sehr, doch unser Grauen sollte sich noch ins Unermeßliche steigern, als wir um einen knorrigen Galgenbaum, der seine toten Äste anklagend in die kalten Nebel reckte, herumkamen und eine exakt epizyklisch runde Lichtung peripher tangierten. Denn dort sahen wir es, auf eben jener Lichtung, was unser Blut gefrieren, unseren Herzschlag stocken, unsere Zähne klappern und unseren Atem aussetzen ließ.

Sie, die dort versammelt waren, waren uns vom Prinzip her zwar bekannt, wenngleich auch nicht in solch seltsamer Formation:
Säuberlich, penibel und exakt im Kreis aufgestellt standen sie dortselbst, ein Männlein von zwergenhaftem Wuchs auf einer Holzkiste stehend in ihrer Mitte, und zwar exakt in jenem Fokus, der dann entsteht, wenn man den Sinus hyperbolicus der katakaustischen Epizyklen einer Parabel, korrigiert um den Tangens des Normaleneingriffswinkels, lateral anträgt an den Kreis, der definiert ist durch...

Aber seht doch nur, welcher Wandel mit ihnen geschehen war, wie schaurig sie anzusehen waren im schummrigen Schein ihrer Fackeln! Mit aufgesperrten Mäulern standen sie da, Fischen auf dem Trocknen gleichend, einige von ihnen mit seltsamen Geräten, übergroßen Eierschneidern ähnlich, in ihren Händen.
So standen sie dort, den Salzsäulen gleich, und starrten auf den hochgereckten knochigen Finger des Männleins auf der Kiste.

Das Männlein auf der Kiste stand still und stumm.
Es hatte von Vampirhäuten ein Mäntlein um.
Sagt, wer mocht' das Männlein sein, dorten auf der Kiste klein?

Weh, das war der Ekle vom Epistein!

Nun senkte sich der knochige Finger, und ein garstiges Geheul erscholl gleich einem Heldentenor mit den Worten:
"Wollt ihr liebe Monster sein?"
Als Antwort peinigte unser Ohr ein grauslicher Höllenchor:
"Nein, das fällt uns gar nicht ein!"
und ein monströser Baß fügte schallend hinzu:
"Ungeschickt, ungeschickt !!"

M-O-N-S-T-E-R ??! Wir glaubten, unsere Ohren trogen uns, und unsere Sinne begannen vor Entsetzen zu schwinden. Sollte *das* die Lösung sein? Sollte sich das Gerücht in einer Form bewahrheiten, die sich auch in unseren kühnsten Träumen niemals hätte ausmalen lassen? Sollten etwa sie, deren Traktaten wir täglich andächtig gelauscht hatten, sie, denen wir unser Ohr, ja, bisweilen sogar etwas Glauben geschenkt hatten, sie, unsere erlauchten Dozenten und ihre erhabenen Assistenten, zu denen wir kleinen Geister stets demütig aufgeschaut hatten, **sollten sie EPIs MONSTER sein?**
Willenlose Kreaturen ohne eigene Identität, ergebene Werkzeuge, dem Männlein auf der Kiste hörig ??!

Unsere Sinne versuchten, uns vollends zu verlassen, doch sie schafften es nicht, unseren Geist in die Gnade der Ohnmacht zu entführen. Denn unbarmherzig ging das Lied weiter, in schaurigem Wechselgesang und Harfenklang, das Sausen in unseren Ohren übertönend und das ganze Ausmaß ihrer Hörigkeit offenbarend. Frei nach der Melodei des Liedes der Schlümpfe schnitt es sich gnadenlos seinen Weg in unsere gemarterten Hirne:

𝕯𝖆𝖘 𝕷𝖎𝖊𝖉 𝖉𝖊𝖗 𝕸𝖔𝖓𝖘𝖙𝖊𝖗

(Werk für Chor und Solisten, Melodie frei nach Vader Abraham.)

Protagonisten: EPI (markiger Heldentenor)
MONSTER (wahrhaftiger Höllenchor)
OPA (monströser Baß)
MONSTER-SOLISTEN (diverse "Stimm"lagen)

EPI:	Wollt ihr liebe Monster sein?
MONSTER:	Nein, das fällt uns gar nicht ein!
OPA:	Ungeschickt, ungeschickt !!
EPI:	Was tut ihr mit euern Studenten?
MONSTER:	Die bring'n wir auf Trab, die lahmem Enten.
OPA:	Geschickt, geschickt!

EPI:	Wollt ihr sie ärgern, ohne zu ruhn?
MONSTER:	Ja, das wollen wir gerne tun!
OPA:	Piesacken, piesacken !!

EPI:	Monstern und plagen tut ihr doch gern?
MONSTER:	Menschlich sein, das liegt uns fern!

> Denn wir sind EPIs Monster
> und im Quälen sehr versiert,
> denn wir sind uns alle einig:
> EIN STUDENT GEHÖRT GEPEINIGT!

EPI:	Womit wollt ihr sie denn plagen?
MONSTER:	Meister, das mußt Du uns sagen!

EPI:	Wie wär's mit 'nem Kräftesystem?
MONSTER:	Ja, das wäre sehr angenehm.
ZINKY:	Beliiiebig viiiele Kräfte!

EPI:	Oder mit 'ner Stahlecke?
MONSTER:	Auch diese diene uns zum Zwecke!

EPI:	Ich hol' noch etwas Reibung her.
MONSTER:	Ja, das steigert den Spaß noch mehr.
OPA:	Freude, Freude, ch, ch!

EPI:	Auch 'ne Konstruktion hab' ich.
MONSTER:	Ja! Die ärgert sie fürchterlich!
OPA:	Schrägsitz-Ventile !!

MONSTER:	Ja, wir sind EPIs Monster,

> und wir sind uns alle einig:
> Ein Student uns'rer FH,
> der wird erbarmungslos gepeinigt!

EPI:	Laßt doch Graph mit Graph sie schneiden.
MONSTER:	Schön, da müssen sie furchtbar leiden!

EPI:	Laßt sie zeichnen viele Graphen ...
MONSTER:	bis sie nachts vor Streß nicht schlafen!

EPI:	Wie wär's mit 'nem Integral?
MONSTER:	Ja, das schlaucht sie dann total!

EPI:	Gebt ihnen doch mal Bürstenfeuer!
MONSTER:	Ja, das ist ihnen nicht geheuer!

EPI:	Nehmt mal einen Kreisprozeß!
MONSTER:	Fein, der quält sie bis zum Exzeß !!

EPI:	Dann noch etwas Regelungstechnik.
MONSTER:	Ja, das wäre so richtig häßlich!

EPI:	Macht doch ein Kolloquium.
MONSTER:	Ja, das wäre gar nicht dumm.
FLEXY:	Absägen, absägen!

EPI:	Und dann schreiben wir 'ne Klausur.
MONSTER:	Bravo, da zittern sie jetzt schon vur!

(Klatschen, fassen sich bei den Klauen und
tanzen Ringelreihen um EPIs Kiste.)

MONSTER: Denn wir sind EPIs Monster
und im Quälen sehr geschickt.
Die Studenten allesamt,
die werden gnadenlos gepeinigt!

Ja, wir sind EPIs Monster
und wir finden das sehr stark,
denn was kann es schöneres geben
als ein EPI-Monsterleben ?!!

Vor Schrecken starr lauschten wir dem monströsen Chor und blickten aus weit aufgerissenen Augen auf das Ungeheuerliche, das sich dort auf der Lichtung abspielte. Die Haare standen uns derart zu Berge, daß uns die Kopfhaut zu schmerzen begann. In unserem Innern drängte alles nach Flucht, doch waren wir nicht in der Lage, auch nur einen Finger zu rühren, so sehr hatte uns das Grauen gepackt.

Dem Tode geweiht wären wir wahrscheinlich gewesen, wäre eines der Wesen auf der Lichtung unserer gewahr geworden, oder eine schreckliche Umwandlung zu Monstren hätte unserer wohl günstigstenfalls geharrt, wenn nur einem jener Wesen dort das stete Klappern unserer Gebisse oder das rasende Pochen unserer Herzen an sein Ohr gedrungen wäre.

Doch das Schicksal war uns gnädig, denn nachdem der letzte Ton des grausigen Sanges zwischen den vom sauren Regen kahlen Bäumen des Parks, jenen stummen Zeugen, verhallt war, begannen sich die Nebel zu verdichten. Und während wir noch wie gebannt in die wattegleiche Finsternis starrten, wurden die seltsamen Gestalten mit dem Nebel eins und zerstreuten sich in alle Winde.

Langsam sanken unsere Haare wieder herab, und wie trunken ob des Erlebten wankten wir nach Hause, instinktiv unseren Weg aus dem Labyrinth der Galgenbäume und Medusensträucher findend. Erschöpft sanken wir auf unsere Lager und fielen in einen unruhigen Schlummer. Aber spät in der Nacht wachten wir, von Alpträumen heimgesucht, schweißgebadet auf, von Entsetzen geschüttelt, das Grauen, das wir erfahren hatten, vor Augen. Niemals, niemals würden wir das Erlebte vergessen können, und nie wieder, so wußten wir, würde unser Verhältnis zu IHNEN wieder so unbefangen sein können, würden wir ihnen so gegenübertreten können wie bisher.

Tage verbrachten wir damit, uns gegenseitig stärkende und ermutigende Worte zu geben, bis wir uns befähigt sahen, die Fachhochschule wieder aufzusuchen, uns IHNEN vorsichtig und mit Argwohn zu nähern. Denn in einem waren wir uns einig: wir wollten sowohl unsere Studien wie auch das weitere Wirken EPIs und der Monster bis zum bitteren Ende weiter verfolgen.

Monstrogenesis

Der Stoff

So hatte sich das Gerücht doch bestätigt: EPI hatte mehr als nur ein Monster geschaffen, doch ihre Vielzahl überstieg unsere kühnsten Erwartungen bei weitem. Wie nur hatte solches unbemerkt geschehen können? Wie hatte EPI es bewerkstelligt, seine wahren Ziele so geschickt unter dem Mantel einer Tarnexistenz zu verbergen, wie konnte er nur solch ein Doppelleben führen?

Nun, EPI verschrieb einen Teil seines Lebens einem Studium der Magie der Materie, Werkstoffkunde genannt, welche ist die Lehre von den Eigenschaften und dem Verhalten von Stoffen, Materialien also. An der Fachhochschule diese Lehre verkündend, hatte EPI somit ein Alibi, sich auch zu unüblicher Stunde im Labor aufzuhalten unter dem Vorwand, bekannte Stoffe untersuchen und neue entwickeln zu wollen. Allein, dem war ja in der Tat auch so, nur, um welche Art von Stoffen mochte es sich dabei handeln?

Der klassischen Definition und dem Wesen seines Fachbereiches entsprechend, hätten EPIs Werkstoffe metallischer Natur sein müssen, oder bestenfalls sogenannte Kunststoffe. Hingegen waren aber die von ihm erschaffenen Monstren von Fleisch und Blut! Also mußte der forschende Geist zwangsläufig der Erkenntnis anheimfallen, daß der Begriff des Werkstoffes nunmehr neu zu definieren sei, handelte es sich dabei doch beileibe nicht um den Stoff, aus dem die Träume sind, sondern vielmehr ist ein Werkstoff nach neuerer Erkenntnis:

Der Stoff, aus dem die Monster sind!

Das Verfahren

Wenden wir uns nunmehr einmal der Frage zu, wie es denn dem Episteiner möglich gewesen war, mit so mannigfaltig vielen Monstren die Fachhochschule zu durchsetzen, ohne daß jemals jemand etwas davon gewahr wurde. Außer den bereits existierenden Monstern vielleicht, aber die taten gut daran, zu schweigen, denn fürchterlich würde sich EPI wohl an Verrätern rächen!

Nun, mannigfaltige Gründe tun sich zur Erklärung des Phänomenons auf. Zum einen hatte EPI seine ersten Monster bereits zu Zeiten der Ingenieurakademie gefertigt, die er dann später in die Fachhochschule übernehmen oder einschleusen konnte. Sehr geschickt nutzte EPI den Trubel während der Umwandlung der Akademie zur Fachhochschule, als ein gewaltiger Bedarf an Lehrkräften herrschte, um mit schnell erschaffenen oder schnell umgewandelten, auf jeden Fall sorgsam präparierten Monstern das Kollegium zu unterwandern.

Das eben erwähnte schnelle Erschaffen hatte allerdings den Nachteil, daß es bei einigen der Monstren am Aussehen, am Gebaren, am Sprechvermögen oder am Laufwerk haperte, wie an späterer Stelle noch anschaulich aufgezeigt werden wird. Durch kontinuierliche Verbesserung seiner Herstellungsverfahren und durch die Anwendung neuer, technisch überlegener Mittel gelang es EPI aber später, derart vollkommene Kreaturen zu schaffen, daß kaum ein Verdacht gegeben war, daß sie Monster seien.

Frisch eingestellte externe Kandidaten beobachtete EPI sehr sorgfältig. Glaubte er bei ihnen einen Hang zur Monstrosität festzustellen, so bemächtigte er sich ihrer und formte sie dann zu Monstren um, die ihm fortan hörig waren. Seinen selbst hergestellten Wesen hingegen verschaffte EPI, ehrgeizig, wie er nun einmal war, stets die besten Voraussetzungen für ihre Einstellungsgespräche, indem er mit ihnen nächtens Probevorlesungen bis zum Exzeß übte, auf daß sie damit brillieren konnten. Das hatte zur Folge, daß einem bald auf Schritt und Tritt EPIs Kreaturen über den Weg liefen.

Somit war also nicht nur die Herstellung der Monster, sondern auch das Einschleusungsverfahren von EPI Schritt für Schritt systematisch verfeinert worden mit dem Ziel, möglichst viele und perfekte Monster zu etablieren und dabei möglichst wenige Spuren zu hinterlassen. Der eingangs erwähnte Unglauben der Bevölkerung an die Existenz von Monstern kam ihm dabei natürlich gut zustatten, aber auch seine Detailarbeit war präzise.

Natürlich war das Gerücht von der Erschaffung und der Existenz eines Monsters, des OPA nämlich, auch an EPIs Ohren gelangt. Das mußte zwangsläufig so kommen wegen des sogenannten Bumerangeffekts, der einem Gerücht innewohnt und der darin besteht, daß ein jedes Gerücht, einmal in die Welt gesetzt, früher oder später stets zu seinem Verursacher zurückkehrt.
Dem gegenüber ist übrigens der sogenannte Verdunkelungseffekt eines Gerüchts dadurch gekennzeichnet, daß derjenige, der es in die Welt setzte, stets im Dunklen, also unbekannt bleibt.

Jedenfalls wechselte EPI, des Gerüchtes kundig geworden, als erste und wichtigste Maßnahme alle Schlösser an seinen Labortüren aus, damit die Putzfrauen dort nicht mehr aufräumen oder gar etwas Verdächtiges erblicken konnten. Irgendwie mußte doch dieses verdammte Gerücht in die Welt gekommen sein! Dieser Gedanke ging EPI einfach nicht aus dem Kopf. Was hatte er nur übersehen?

Die Fenster etwa?! Also beachtete EPI fortan die Lichttarnung, hielt also mit der Lichtverschwendung inne, indem er während seiner Arbeit alle Fenster sorgsam verhängte, so daß weder ein Lichtstrahl aus seinem Labor hinaus noch ein Blick hinein zu fallen vermochte.

An dieser Stelle ist es nun wohl angebracht, den Ursprung des Begriffes der Lichtverschwendung einmal zu erläutern: Durch die Mühsal des Studiums bedingt, hatte ich des öfteren noch spät am Abend das Licht in meiner Kammer an. Meine Wirtin rügte dies. Als ich dieses Geschehen daraufhin meinen Kommilitonen schilderte, sah mich Theo an und sagte in seiner unübertrefflich ruhigen, von stillem Humor geprägten Art: "Das kannst' ja auch nicht machen. Einfach so das Licht verschwenden!". Seit diesem Tage haftete der Beiname "Der Lichtverschwender" an mir, aber geändert hat sich daran eigentlich bis heute kaum etwas.

EPI indes versicherte sich unter Vorspiegelung falscher Tatsachen (sofern es solche gibt) der Mithilfe zwielichtiger Schönheitschirurgen, die eine Spielwiese für ihre Ambitionen suchten, so daß etliche Monster von kundiger und ruhiger Hand und unter optimalen hygienischen Bedingungen zusammengenäht werden konnten.

Zur weiteren Verfeinerung des Verfahrens patrouillierte EPI des Nachts auf den Straßen und vereinnahmte hier und da das Opfer eines Verkehrsunfalls. Einmal, als ihn die Rettungssanitäter dabei ertappten, soll er sogar die Dreistigkeit besessen haben, sich ihnen als "Landarzt Dr. Brock" aus einer ururalten Fernsehserie vorzustellen, um sie über seine wahren Intentionen hinwegzutäuschen.

Die Unfallopfer konnten auf schnelle und bequeme Art zu Monstren reanimiert werden, die sich folglich durch die besondere Qualität des Rohmaterials von den selber zusammengenähten abhoben. Auch die Versorgung mit Einzelteilen war solcherart für EPI gesichert, wenngleich mancher Notarzt fassungslos vor dem Phänomen stand, daß der Fahrer eines an einen Baum genagelten Automobils gleich zwei Glasaugen im Kopf hatte.

Bevor wir nun aber auf weitere essentielle Punkte in der Methodik des Monstermachens eingehen, lassen wir doch einmal EPI selber musikalisch über sein Tun und Treiben berichten. Leider kann er das nicht in der Form eines Belkanto, eines schönen Gesanges also, sondern lediglich in einer Art schrägen Rezitativs, eines Epikanto sozusagen, angelehnt an den Text und die Musik vom "Ururenkel von Frankenstein" des bekannten Artisten Frank Zander.

Epis Ode

Ganz versteckt in der Ecke des Hochschulbaus
liegt mein Epilogie-Labor,
und damit niemand kommt, mein Geheimnis entdeckt
hab' ich dicke blaue Türen davor.
Was sich hinter den Türen verbirgt wollt Ihr seh'n?
Dann dreht Euch nur einmal um!
Ihr braucht nur in die FH zu gehn,
meine Wesen laufen dort frei herum.

Dort seht Ihr Monster, groß und klein,
mit Brille, Glatze oder Hut.
Bei manchen wackeln Kopf, Arm oder Bein,
doch die meisten laufen recht gut.
Und all' die Monster, stellt Euch vor,
wie könnt' es auch anders sein,
die kommen aus dem Geheimlabor
des Eklen vom Epistein, des Eklen vom Epistein!

Ihr kennt doch sicher Graf Epistein,
den Herrn mit dem mechanischen Gang?
Der schloß in sein Labor sich ein
bis der große Wurf ihm gelang.
Er benutzte Werkstoffe, wertvoll und gut,
die hat er dem Haarmann geklaut.
Studenten, nun seid auf der Hut,
denn er hat daraus Dozis gebaut (ha, ha)!

Ich bin der Ururenkel vom Epistein,
ich führe fort die Tradition.
Kommt nur in die Schule hinein,
Meine Wesen erwarten Euch schon!
Ich bin der Ekle vom Epistein,
und erweitere nun die Tradition,
denn ich richte mein Labor nun langsam ein
auf 'ne Monster-Massenproduktion,
auf 'ne Monster-Massenproduktion !!

(Hüpft auf seiner Kiste herum und kringelt sich vor Freude.)

Das also war des EPIs Intention: eine Monster-Massenproduktion! Welche Folgen mochten daraus nicht nur für die Hochschule, sondern gar für die Außenwelt erwachsen? Wer konnte denn die Hand dafür ins Feuer legen, daß nicht bei einer Massenproduktion die eine oder andere Kreatur außer Kontrolle geraten und aus dem Einflußbereich unseres emsigen EPI entweichen würde?

**Haltet Eure Augen offen
und seht Euch einmal aufmerksam um!**

Der Kandidat

Hatten wir eingangs bereits die Erschaffung des OPA als ein von EPI eigenhändig angefertigtes Monster verfolgen können, so wollen wir nun einmal an einem Beispiel betrachten, wie ein externer Kandidat von ihm umgeformt wurde.

Der Probevorlesung des Kandidaten wohnte EPI natürlich bei, hatte er doch Kunde davon erhalten, daß der Kandidat sich früher mit Arbeitsvorbereitung befaßt hatte. Darunter konnte EPI sich zwar nichts Konkretes vorstellen, jedoch war Arbeit für ihn etwas durchaus Positives. "Arbeit" war nämlich unter anderem auch EPIs Ausdruck für "Klausur", also einem Mittel zum Plagen der Studenten. War die "Arbeit" an sich nun etwas Gutes, so konnte deren Vorbereitung auch nichts Schlechtes sein, so dachte sich EPI, und wenn gar ein Spezialist die Vorbereitungen durchführte, so erwuchsen den Studenten daraus vielleicht besonders qualvolle "Arbeiten".

Als nun der Kandidat bei seiner Probevorlesung gar noch Divikalk, Äquival, Haudraufkalk und BAB, die Qualen der Betriebswirtschaftslehre also, an die Tafel zauberte, geriet EPI vor Freude angesichts der den Studenten drohenden Qualen schier aus dem Häuschen. So groß war seine Begeisterung, daß er beschloß, sich des Kandidaten zu bemächtigen und ihn zu konvertieren. Eine höhnisch-lüsterne Grimasse schneidend, rieb EPI sich die Hände und murmelte in seinen Bart: "Er ist mein, der Mann!" EPIs Assistent Snurp, der direkt neben ihm saß, schnappte diesen Ausspruch natürlich auf.

Auf Grund seiner überzeugenden Fähigkeiten (oder war es wegen EPIs vehementer Fürsprache?) wurde der Kandidat eingestellt.
Hernach wusch ihm EPI sein Hirn, damit er nicht mehr er selber sei, und konditionierte ihn dergestalt, daß er ihm zukünftig hörig sei und die Studenten gehörig quäle. Allein, diese Konvertierung krankte noch an Anfangsschwierigkeiten und einem Mangel an Routine, denn der neue Knecht fügte zwar den Studenten gewisse Qualen zu, verlor aber nie ganz sein altes, verträgliches Wesen, zum Glück für die Studenten.

Nach der Umwandlung sagte EPI dann zu Snurp: "Er muß nun einen neuen Namen erhalten. Wie nennen wir ihn nur?" und walkte grübelnd seinen kurzen Bart. "Aber Meister", entgegnete Snurp, "er hat doch schon einen neuen Namen!" - "So?" runzelte EPI die Stirn, "ääh, das weiß ich im Moment nicht. Sprich!" - "Nun, Meister", sagte Snurp zögernd, um dann, durch EPIs strengen Blick getrieben, zu stammeln: "Ihr - ähm - Ihr habt doch damals selber gesagt:

'Er ist Mein-der-Mann!'."

EPI erbleichte und dachte bei sich: "Meine Güte, welch ein einfältiges Monstrum habe ich da nur erschaffen?"
Er wandte sich ab, stützte sein Kinn auf die Faust und grübelte eine Weile mit zerfurchter Stirn. Dann drehte er sich wieder zu Snurp um, sah ihm scharf in die Augen und sagte in der ihm eigenen Art: "Jawoll!! So wollen wir es benennen!"

Also führte das Wesen fortan den Namen "Mein-der-Mann!", und es legte großen Wert darauf, daß dieser mit den Bindestrichen und dem Ausrufezeichen geschrieben wurde.

Der Kirschengott

Haben wir bis dato schon einige der Listen und Tücken beleuchtet, mit denen EPI sein Tun und Treiben zu tarnen trachtete, so wenden wir uns nunmehr der ohne jeden Zweifel wichtigsten Maßnahme zu, die EPI zu diesem Zweck ergriff:

Er versicherte sich der Erlaubnis des Kirschengottes, auch nach der zehnten Abendstunde noch in der Schule tätig sein zu dürfen, dann, wenn alle anderen Wesen diese bereits verlassen haben mußten.

Der Kirschengott war der Schulgott der Fachhochschule, in des Volkes Mund auch Hausmeister genannt. Welch ein abwertender Begriff, war seine Macht doch unumschränkt, und selbst EPI hatte ihm demutsvoll entgegenzutreten! Sein Wort war Gesetz, und jeglicher Widerspruch wurde gnadenlos abgeschmettert, galt doch für ihn das altüberlieferte Gesetz des Absolutismus:

§ 1: Der Schulgott hat immer Recht.
§ 2: Sollte der Schulgott sich wider Erwarten im Irrtum befinden, so tritt automatisch der § 1 in Kraft.

Der Name des Schulgottes rührte daher, daß er sich gerne mit Kirschblüten bekränzte und sich alsdann gleich seinen antiken Vorbildern auf einer Wolke in die Lüfte emporschwang, die Lyra spielend und den Schornstein der Fachhochschule umkreisend. Meist nahm er dabei einen Korb voller Kirschen mit, verzehrte diese in luftiger Höhe mit Leidenschaft und spie die Kerne herab. Wenn die Kirschbäume blühten, schleuderte er auch gerne mal einen Blitz hinein, um sich an den daraufhin vermehrt aufsteigenden ätherischen Düften zu ergötzen.

Ja, die Kirschen waren sein ein und alles. Seine Blitze indes stellte er dem EPI nicht zu dessen Experimenten zur Verfügung, nicht einmal für eine ganze Schiffsladung köstlicher Kirschen!

Die Blitze mußte EPI im Hochspannungslabor selber erzeugen, und die unbefristete abendliche Arbeitserlaubnis mußte er teuer erkaufen.

Einer Neigung des Schulgottes entsprechend mußte EPI ihm nämlich ein Opfer darbringen in Form von 8760 Zigarillos, für jede Stunde eines Jahres eins, und des weiteren ein Rauchopfer. Oh, wie schlecht ging es EPI danach, wie elend war ihm nur, war er doch ein leidenschaftlicher Nichtraucher!

Aber nun konnte er wenigstens bis tief in die Nacht hinein mit Billigung von höchster Stelle seiner Monsterproduktion frönen. Außerdem war es grundsätzlich von Vorteil, den Schulgott gnädig zu stimmen, und EPI war halt nach oben hin ein Diplomat.

In den Semesterferien, wenn die Schule von allen anderen Wesen verwaist war, plagte den einsamen Schulgott zwangsläufig eine arge Langeweile, und er ersann ein Puzzlespiel namens "Studenten über'n Tisch ziehen". Es war nämlich so, daß diejenigen der Studenten, die kein Zeichenbrett ihr eigen nannten, eines von der Schule zur Verfügung gestellt bekommen konnten, sofern sie einen Obolus in Form einer Kaution dem Kirschengott übereigneten, worauf ihnen zwei Lineale und ein Steckschloß übergeben wurden. Mit diesen konnten die Studenten dann ausziehen, um ein unbesetztes Zeichenpult in ihren Besitz zu nehmen, die Lineale zu montieren, unter Qualen über der Konstruktion Blut und Wasser zu schwitzen und, von Erschöpfung heimgesucht, ihr Werk im Pult zu verschließen.

Wähnten dann die Studenten das Produkt ihrer Mühsal und ihre Werkzeuge in Sicherheit, so sahen sie sich getäuscht. Die Konstruktion als solche mußte nämlich dem strengen, prüfenden Auge des Dozenten vorgelegt werden, des OPAs beispielsweise, der sie dann als "ungeschickt" beurteilte, die Asche seiner Zigarette darüber verstreute, sein Testat verweigerte und den Delinquenten erneut beginnen ließ.

Weitaus schlimmer jedoch wirkte es sich aus, wenn man die Lineale zum Ende des Semesters in dem verschlossenen Pult beließ zum Zwecke, sie im nächsten Semester erneut zu verwenden. Seinem erwähnten Spieltrieb folgend, vertauschte nämlich der Kirschengott während der Semesterferien völlig grundlos, aber mit Akribie die Pulte im gesamten Gebäude, auf daß keiner der Studenten sein Pult jemals wiederfände. Verzweifelt durchkämmten die Studenten Hörsaal um Hörsaal, zogen Pult um Pult aus deren endlosen Reihen hervor, probierten Schloß um Schloß und resignierten bald, denn es war wie verhext: auf keines paßte ihr Schlüssel!

Das allerdings war insofern nicht verwunderlich, als die vorhandenen Schlösser aus dem aktuellen Semester stammten. Die bei der Vertauschungsaktion vorgefundenen Schlösser aus dem vorhergehenden Semester hatte der Kirschengott nämlich aufgebohrt und den Pulten die Lineale entnommen!

Somit befand sich der Kirschengott erneut im Besitz der Lineale, wohingegen das Schloß für ihn verloren war. Ebenso verloren war aber die Kaution der Studenten, welche weder Schloß noch Lineale umständehalber zurückzugeben vermochten. Ergo entstand ein Guthaben zugunsten des Schulgottes in Höhe der Differenz zwischen Schloß und Linealen. Wie viele seiner Zigarillos mochte er sich derart wohl verschafft haben? Und welches Schimpfwort, sei es auch noch so übel, vermag wohl ein solches Gebaren auch nur hinreichend zu würdigen?

Der Chronistenpflicht genügend sei hier noch erwähnt, daß dem Kirschengott ein Weib zur Seite stand, das der Venus von Willendorf ähnlich sah. Ihr Name war Marie, und sie erfand den Curie, bisweilen auch Curry genannt. Sie verkaufte während der kargen Zeit, als die Fachhochschule noch keine Mensa ihr eigen nannte, allerlei grausliches Gebräu in der Schule, und auch die Überreste aus EPIs Produktion, dies alles in großen Hexenkesseln zubereitend. Schon am frühen Vormittag siedete, wallte und brodelte es darin, und die Gerüche erreichten alsbald die Nasen der Studenten, die daraufhin die Vorlesungen in Scharen verließen und zur Hexenküche eilten, um sich dort den leiblichen Genüssen hinzugeben. Und wenn sie nicht gestorben sind ...

Auf EPIs Monsterherstellung und die Geheimhaltung seines Wirkens soll hier nun nicht näher eingegangen werden, denn das prinzipielle Prozedere des Monstermachens sollte Ihnen allen durch mannigfaltige Literatur und Filme eigentlich bekannt sein. Auch EPI kochte nur mit Wasser und nach den überlieferten Rezepturen, von "man nehme ..." bis hin zu "rechtsherum rühren und dann abschmecken".
Es wird Ihnen aber offenbar geworden sein oder es jedoch noch werden, daß sich an der Fachhochschule eine regelrechte Monstrodemie, nach ihrem Verursacher auch Epimonstrie genannt, ausbreitete, also ein örtlich und zeitlich gehäuftes Auftreten von EPIs Monstern.

Epi
Epigone
Epigkarp
Epiker
Epikoi

Epikrise
Epikur
Episit
Episkop
Episode

Lexikon der Epilogie

Der Epibus

Beinahe schlimmer noch als die von EPI verursachte Epimonstrie war jedoch sein inniges Streben, sich in unser aller Leben einzuschleichen. Wie immer er es geschafft hat, sich dort einzunisten, er ist fast allgegenwärtig in unserem Wortschatz, omnipräsent also oder "in omnibus", wie die alten Lateiner zu sagen pflegten - ein regelrechter EPIBUS!

Erscheint Ihnen das übertrieben, meine lieben Leserinnen und Leser? Dann nehmen Sie doch einmal ein Lexikon zur Hand und öffnen Sie es bei den Lettern E-p-i. Sie werden in fassungsloses Staunen darüber geraten, wie viele Worte mit diesem Präfix beginnen!
Allein in einem einbändigen Duden der fremden Worte fand ich deren zirka 135, ein schieres Epiphänomenon seiner Kunst, sich in alles und jedes einzuschleichen. Die wichtigsten dieser EPIschen Begriffe sollen hier einmal exemplarisch vorgestellt und definiert werden.

- Epigenese: Epigenesis, wie zu Beginn dieses Werkes benannt. Es ist die "Entwicklung eines jeden Organismus durch aufeinanderfolgende Neubildungen", kurz: das Monstermachen! Denn ein jedes dieser Wesen wurde dem anderen nachfolgend entwickelt, und ein jedes ist vom anderen verschieden, also neu gebildet, gemäß der Entwicklungstheorie des Casparius Frankenstein von Wehr und Wolff anno 1759, und der sogenannten Präformationstheorie, die das Zusammensetzen von Organismen mittels "vorgebildeter Teile", also das Monstermachen mit vorhandenen Kombinenten (OPAs Wort für Komponenten) beschreibt.

- Epigone: "Nachgeborener, Nachahmer ohne eigene Schöpferkraft". Dies ist die Definition des EPI per se, denn er ist dem Frankenstein nachgeboren und ahmt lediglich dessen Vorgehen nach. Aus diesem Grund wurde das Wort aus den Lexika der Schule gestrichen und durch "Epigenius" ersetzt.

- **Epigastrium:** "Magengrube", ein Gastmahl, von EPI ~~verunstaltet~~ veranstaltet, ein Abendmahl mit seinen Kreaturen zusammen, bei dem diese auf ihn eingeschworen werden. Es besteht aus einer runden Oblate aus speziellem Granulat, sog. Hostiat, und einem Getränk von alkoholischer Ernstpetersäure, von EPI geweiht mit Chrom-Nickelstahlbeize und dem Rauch der höllischen Schwefelsäure, unter dem Zeichen des Pentagramms.

- **Epigramm:** Ursprünglich ein "Spottgedicht". Von EPI aber zum Wiegen seiner Zutaten verwandt; eine Einheit bezogen auf seine eigene Körpermasse, also ein Spottgewicht.

- **Epiit** oder **Majorit:** Im Buch der fremden Wörter nicht auffindbar, denn es ist EPIs Traum vom Eingang in die werkstoffkundliche Literatur - ein nach ihm benannter neuer Werkstoff. Wie schon seine Vorgänger Austen (Austenit), Martens (Martensit) und Ledebur (Ledeburit), so suchte auch EPI diese höchsten Weihen der Werkstoffkunde zu erlangen und in den Lehrbüchern zu erstrahlen. Aufgrund seines Treibens kam er aber nur bis zum Monsterit, über den er aber verständlicherweise nichts veröffentlichte.

- **Epikanto:** von "cantare" = singen, der Gesang EPIs und der Monster des Abends im Park. Das Gegenteil von Belkanto, was "schöner Gesang" bedeutet.

- **Epikarp** (Mz. 'Epikarpfen'): jene gefräßigen Raubfische mit dicken Bäuchen, die den See des Parks beherrschen, Fleischfresser mit grausigen Gebissen ähnlich denen der Piranhas.

- **Epiker:** jemand, der sich "der Epik bedient", also ein Sympathisant des EPI.

- **Epikoi:** im Gegensatz zum → Epikarp ein Zierfisch, den EPI sich daheim in seinem Aquarium hält, der ihm, seiner Gattung gemäß, aus der Hand frißt. Solche Fische sind den Japanern heilig, wenn sie rein weiß sind und lediglich einen runden roten Fleck auf ihrer Stirn haben, der Nationalfahne gemäß. Für den Normalsterblichen sind solche Tiere unbezahlbar, weil sie bis zu einer Million Dollar kosten! EPIs Exemplar muß allerdings einen tiefschwarzen Fleck auf der Stirn haben, dafür ist es dann aber auch billiger: die Züchter werfen derartige Tiere nämlich einfach weg.

- epikontinental: Kennzeichnet das Streben EPIs, seinen Einfluß bis in die "kontinentale Randzone" auszudehnen.

- Epikrise: "Endurteil über einen Krankheitsfall": ist EPI nun krank oder nicht? Zensiert, denn ein EPI kennt keine Krisen!

- Epikur: Eine Behandlungsmethode, der EPI seine Wesen unterzog. Eine recht rüde Prozedur, volkstümlich auch 'Roßkur' genannt.

- Epilepsie: "Fallsucht", das unstillbare Verlangen des EPI, zähe Werkstoffe mit dem Fallhammer zerstörend zu prüfen.

- Epilog: ursprünglich ein "erläuterndes Nachwort, Schlußrede, Nachspiel, Ausklang". Durch Zensur entfallen, damit nicht der Eindruck entsteht, daß EPI nicht stets die Wahrheit sagt.

- Epirogen: Kaviar, also Fischeier des → Epikarp. EPI nimmt sie gern zum Frühstück, weichgekocht, zwei Stück à 3 Minuten, oder des Abends in Bombes Tiegeln über dem Bunsenbrenner gebraten, mit Granulat gewürzt und in einer Salmiaksoße, oder aber als Rührei, mit Stinkstoff aufgeschäumt, rechtsherum verrührt und dann mit Granulat abgeschmeckt. Des Mittags verzehrt er sie auch gelegentlich als "Eier im Reagenzglas", und zwar bevorzugt dann, wenn ihn die Verzweiflung über seine Unkenntnis der Gentechnologie übermannt, die indes seiner Erkenntnis (gottlob!) für immer verborgen bleiben wird.

- Episkop: "Bildwerfer". Verharmlosende Bezeichnung für eines von EPIs Untersuchungsinstrumenten, das 'Monstroskop'. Angebrachter wäre dafür allerdings der Begriff 'Horrorskop'.

- Episit: ein "räuberisches Tier (von anderen Tieren lebend)", also ein Werwolf, Vampir oder → Epikarp.

- Episode: ein Rasen-Ausstich aus EPIs Garten.

- Epistaxis: von EPI bevorzugte rabenschwarze Droschken.

- Epistemologie: "Bezeichnung für Wissenslehre", also in EPIs Fall nach außen hin die Werkstoffkunde und -Prüfung, in Wirklichkeit aber die Monstrologie.

- Episterminologie: diejenigen EPIschen Begriffe, die bei der Genese dieses Werkes gefunden wurden. Es sind derer mindestens 167, die im Anhang 1 zusammengestellt sind.

- Epistropheus: "der Umdreher", den EPI gern für Hälse hätte, um seinen Bedarf an Rohmaterial leichter decken zu können.

- Epistyl: EPIs ihm eigene Art und Weise, z. B. sein 'Jawoll!'

- Epitaph: "Grabschrift"; in unserem Fall 'HIERCH!', welche bedeutet:
Hic Insanctus EPI Requiescat Creator Horribili!
(Hier ruhe der unselige EPI, der Schöpfer des Grauens!).
Ein Zitat, welches von einer seiner Kreaturen des öfteren gleich einer flehentlichen Beschwörung verwendet wird.

- Epitasis: Kurzform für 'EPIs Extasis', also für die "Verzückung", die ihn überfiel, wenn er eine seiner Kreaturen zum Leben erweckte, ein "rauschhafter Zustand höchsten Lebensgefühls".

- Epitheton (ornans): "als Beifügung gebrauchtes Eigenschafts- oder Mittelwort" ("schmückendes Beiwerk"). Ein Stilmittel, das in diesem elaboraten epischen Werk mehr als nur einmal erscheint.

- Epitok: Kurzform für 'Epitocktock', ein geheimes Klopfsignal der Monster, aufgrund dessen EPI sie in sein Labor einläßt.

- Epitom: Schneidwerkzeug, Schneidmaschine, eine Vorrichtung, die es EPI ermöglicht, Probestücke seiner Materialien in hauchdünne Scheiben zu zerteilen, die sich gegenüber dem üblichen Vorgehen in der Werkstoffprüfung nicht nur im Auflicht, sondern auch und gerade im Durchlicht betrachten lassen.

- Epitrit: ursprünglich ein "aus sieben Moren bestehender Versfuß". Hier aber ein Kunstwort, eine Definition EPIs, die Zusammenfassung von 'EPI', 'Trinitas' und 'Kristallit'. Letzterer ist ein "mikroskopisch kleiner Kristall" ohne "deutlich ausgeprägte Oberflächenformen", also ein gestört gewachsener Körper. Von EPI zensiert.

- Epizentrum: EPIs Standort, wenn er seine Kreaturen im Kreis um sich versammelt. Den Abstand zwischen ihnen und ihm bezeichnet man als Epizentralentfernung.

- Epizone: hier: Bannkreis, ein respektvoller Abstand, den man von EPI zu halten hat. Auch: EPIs Einflußgebiet.

- Epizoon: ein von EPI erschaffenes Wesen, ein Monster also.

- Epizykel: ein etwas unegaler Kreis, zum Beispiel der auf der Lichtung im Park, wo die Monster singen.

(Ende der Aufstellung der wichtigsten epischen Begriffe.)

Nachstehend möchte ich einmal aus einer der Quellen meines Wissens, dem Duden der fremden Worte, auszugsweise zitieren aus dem

Vorwort zur ersten Auflage

"Die Dudenredaktion würde ihrem Auftrag, die deutsche Gegenwartssprache zu erschließen und ihre Arbeitsergebnisse der Sprachgemeinschaft in Nachschlagewerken zur Verfügung zu stellen, nicht gerecht werden, wenn sie dabei das Fremdwort außer acht ließe. Jeder erfährt es heute täglich ..., daß neben jenen Fremdwörtern, die Besitz der Allgemeinsprache sind, die fachsprachlichen Fremdwörter - und unter ihnen vor allem die Kunstwörter ... - in einer solchen Fülle vor uns ausgebreitet werden, daß es dem einzelnen unmöglich ist, sie auch nur annähernd zu beherrschen. Der heutige Mensch ist auf ein Fremdwörterbuch angewiesen, weil sein sprachliches Aufnahmevermögen durch diesen Ansturm des fremden Wortgutes in einer Weise überfordert wird, wie dies wohl nie zuvor in der Geschichte der Menschheit geschehen ist.

Ein Fremdwörterbuch, das bei dieser Kluft ... wirklich helfen will, muß bestrebt sein, das wichtigste Fremdwortgut aus allen Bereichen unseres Lebens in sich aufzunehmen. ...

... Lehnwörter ... wurden nicht aufgenommen; es sei denn, daß ein solches Wort ... für die übrige ... Wortsippe erhellend ist. ...

... In Grenzfällen bitten wir deshalb um Nachsicht. Wir hoffen aber durch diese Arbeit nicht nur den heutigen Benutzern und unter ihnen vor allem den Ausländern, sondern auch einer späteren Erforschung der Geschichte des Fremdwortes einen Dienst erwiesen zu haben. Wir wären jedenfalls glücklich gewesen, wenn uns die Fremdwörterbücher des 18. und 19. Jahrhunderts durch solche Zusätze eindeutige Rückschlüsse über die Wandlungen innerhalb des Fremdwortgutes gestattet hätten.

Nachdem nun dieses Fremdwortgut ausgebreitet vor uns liegt, ist noch die Frage an uns gerichtet, wie wir uns ... zu diesem Wortgut stellen. Auf den ersten Blick erkennt man, daß sich hier ... nur aus der Neigung zum Besonderen entlehnte Wörter neben solchen befinden, die eine feste Stelle in den Sinnbezirken unseres Wortschatzes einnehmen, ... Angesichts eines solchen Befundes kann man nur ... wiederholen: Vermeide jedes Fremdwort, ..., sei aber andererseits dort kein Eiferer, wo ein Fremdwort unsere Sprache wirklich bereichert.

Die Wertmaßstäbe haben sich ... in unserem Jahrhundert ohnedies etwas verschoben. ... Wichtig ist nur, daß wir uns aus dem sicheren muttersprachlichen Besitz heraus den Blick für das Fremde bewahren. ..."

Mannheim, den 1. August 1960

Die Dudenredaktion "

Alle Zitate aus: "Der Große Duden - Fremdwörterbuch ... von zahlreichen Fachgelehrten ... verbesserte und vermehrte Auflage" von Anno 1966. Hervorhebungen vom Autor dieses Werkes.

Was wollen uns nun diese Worte sagen, wie sind sie zu interpretieren, was ist ihre Quintessenz und welches Resümee können wir aus ihnen ziehen?

Ein Ansturm fremden Wortguts auf unsere Sprache hat stattgefunden, in einem Ausmaß, das sich kaum noch nachvollziehen läßt. War im Zitat noch von einem "Sturm" die Rede, so hat sich dieser mittlerweile zu einem Orkan potenziert. Man stelle sich einmal bildlich vor, wie dieses "Fremdwortgut ausgebreitet vor uns liegt".

Insbesondere fachsprachliche Fremdwörter und Kunstwörter werden in einer immensen Fülle vor uns ausgebreitet, und somit geht es nun darum, das wichtigste Fremdwortgut aus allen Bereichen unseres Lebens herauszufiltern und zu definieren.

Das sind diejenigen Fremdwörter, die "eine feste Stelle in den Sinnbezirken unseres Wortschatzes einnehmen" und die unsere Sprache wirklich bereichern. Also insbesondere Wörter, die mit E-p-i beginnen und die aufgrund ihrer Vielzahl der näheren Betrachtung bedurften.

Die Wertmaßstäbe haben sich in der Tat verschoben, denn sonst gäbe es nicht so viele Monster in unserer Zeit. Wichtig ist nur, daß wir uns den Blick für das Fremde, also die Monster unter uns, bewahren.

Mit der Verschiebung der Werte gingen Wandlungen innerhalb des Fremdworguts einher, die sich verständlicherweise anhand älterer Quellen nicht zurückverfolgen lassen, da sie erst der modernen Zeit entsprungen sind. So ist beispielsweise EPI ein Kind unseres Jahrhunderts, und der Chronist mußte alle Wandlungen in der Bedeutung der entsprechenden Fremdwörter mühsam selbst zusammentragen und zu neuen Ufern aufbrechen.

Die Fachgelehrten schließen eine spätere Erforschung der Geschichte des Fremdwortes nicht nur nicht aus, sondern sie regen sie sogar an, weil auch sie nicht in jedem Fall ein umfassendes Zeugnis über den wahren Ursprung, die Geschichte und den Bedeutungswandel eines jeden der fremden Wörter ablegen können.

Die Geschichte, auch die der Fremdwörter, endet aber nicht in der fernen, sondern unmittelbar in der jüngsten Vergangenheit.

Somit also war es dem Autor dieses Werkes gestattet und durch die allgemein als Fachautorität respektierte Dudenredaktion gebilligt,

Nachforschungen über die Fremdwörter anzustellen, um ihren Ursprüngen auf die Schliche zu kommen, Begriffe aus einem neuen Blickwinkel zu beleuchten, sie angesichts neuer Erkenntnisse neu zu definieren oder vorhandene, aus dem Dunkel der Vergangenheit überlieferte Definitionen zu erweitern oder zu aktualisieren.

Der Autor versichert die Redaktion des Duden deshalb seiner zukünftigen Hilfe bei der "Erforschung der Geschichte des Fremdwortes" und dankt für ihre freundliche Unterstützung.

Epikarp

Die Monster

Die Leser mag es nun geruhn, zu fragen, was denn die Monster so tun. So wollen wir uns zunächst einmal von EPI ab und uns den Monstern zuwenden, um ihr Tun und Treiben ein wenig zu erhellen, denn daran sollt Ihr sie erkennen.

Im Prinzip ist die Frage nach der Tätigkeit der Monster recht einfach zu beantworten: sie monstern halt herum den lieben langen Tag über, wie es schon ihre Bezeichnung andeutet. Und weil sie an einer Fachhochschule herummonstern, erfährt man natürlich am besten in ihren Vorlesungen, was genau es damit auf sich hat, denn dort sprechen sie für sich selber.
Und so möchte ich Sie denn in die wundersame Welt einer Hochschule entführen und Ihnen ein wenig den so dornenvollen Weg durch die einzelnen Studienfächer aufzeichnen, der gepflastert war mit Klausuren, Kolloquien, Konstruktionen, nachmittäglichen Laboren und gar mannigfaltigen anderen Quälereien, und der geprägt war von allerlei seltsamen Wesen - den Monstern eben.

Versuchen wir einmal, diese beinahe unbeschreiblichen Wesen anhand ihrer Erscheinung, ihrer Reden und ihres Gebarens zu beschreiben, sie mittels ihrer Eigentümlichkeiten und Schrullen zu charakterisieren und anschaulich zu machen. Folgen Sie mir, liebe Leser, reisen Sie mit mir zurück in die Vergangenheit, dorthin, wo alles begann: auf den Vorplatz der Fachhochschule.

Halten Sie nun einen kleinen Moment inne und genießen Sie diesen letzten Augenblick, in dem Sie noch nicht wissen, was sich hinter den Mauern der Fachhochschule verbirgt. Eine unbestimmbare Vorahnung überkommt Sie, aber in dem Moment, in dem Sie sich ihrer bewußt werden und versuchen, sie zu begreifen, löst sie sich schon wieder auf und der magische Augenblick ist vorbei. Sie gehen weiter, auf das mächtige, hochaufragende Gebäude zu, das in der Sonne leuchtet, und Sie erklimmen, wie durch einen hypnotischen Zwang getrieben, die siebenundzwanzig Stufen bis zu seinem Portal.

Sie öffnen einen der dicken blauen Türflügel mit dem winzigen Sichtfenster darin, und wir treten ein in eine andere, fremde Welt. Mit einem dumpfen "Plum!" fällt die Tür ins Schloß, das Getöse der Außenwelt hinter uns lassend, und eine fast greifbare Stille tut sich auf. Leblos liegt der hohe Lichthof mit seinen steilen Stiegen vor uns, denn es ist die Zeit der Vorlesungen, und die Studenten sind in den Hörsälen. Grabesruhe liegt über dem Raum, und kein lebendiges Wesen scheint hier anwesend zu sein.

Keines? Das kann doch nicht sein, denn leise dringt ein schnurgelndes Geräusch durch die Totenstille an unser Ohr. Was aber kann das sein, ein schlafender Student etwa? Machen Sie einmal eine viertel Drehung nach links, aber merken Sie auf und seien Sie gewarnt, denn dort, unmittelbar hinter der Tür, lauert es bereits, das erste furchterregende Wesen dieser fremden Welt ...

Der Zerberus

In seiner Höhle sitzend hatte er seine Augen und Ohren überall, denn er bewachte die Pforte zum Tartaros - den Eingang der FH! Kein lebendiges Wesen kam jemals ungesehen an ihm vorbei, und auch diejenigen, die sich über die Telefone unsichtbar in EPIs Reich einzuschleichen versuchten, wurden von ihm abgefangen.

Dieser Höllenhund war eher unauffällig, ja sogar schläfrig, solange man ihn nicht reizte, aber er war ein resoluter Bursche, der keine Verfehlung duldete. Einmal geschah es, daß eine Klausur an einem Ort geschrieben werden sollte, der erst unmittelbar vor ihrem Beginn kundgetan werden konnte. Natürlich war ich ausgerechnet an diesem Tag spät dran und hatte es eilig, zum Treffpunkt zu kommen. Deshalb stellte ich mein Lokomobil kurzerhand vor die Höllenpforte, zu dem Behufe, mir die Zeit des Fußwegs zu ersparen, den Ort der Klausur schnellstmöglichst zu ermitteln und den Wagen alsbald zu entfernen. Aber der Zerberus schlief just an jenem Tag nur mit fünfen seiner sechs Augen.

Er wurde meines Frevels gewahr, und ohne mir die Möglichkeit einer Erklärung zu geben, hielt mir der Zerberus die Türe von innen zu, und es entspann sich ein Kräftemessen ähnlich dem bei OPAs Flucht, als er mit EPI um den Deckel der Gruft rang. Hin und her ging es, bald öffnete sich die Tür einen Spalt breit, bald schloß sich dieser wieder. Als ich endlich die Tür aufdrücken und hindurchschlüpfen konnte, stellte sich der Zerberus mir in den Weg. Die Angst fuhr mir durch Mark und Bein, meine Haare begannen sich aufzurichten, um, just als sie standen, vom feurigen Odem der drei zuckenden Häupter des Zerberus zu Asche verwandelt zu werden.

Ein gewaltiges Ringen hub an, seine Pranken legten sich um meinen Leib und gruben ihre Krallen schmerzhaft in mein Fleisch. Seine geifernden Mäuler schnappten nach meinem Hals, und ich fühlte schon mein Ende nahen. Doch alt war er, der Zerberus, zahnlos waren zum Glück seine Münder, stumpf seine Krallen, und seine Kräfte waren verbraucht. So konnte ich mich letztlich seiner Umklammerung entwinden, nahm die Beine unter den Arm und suchte mein Heil in der Flucht. Ich hörte das Rasseln seiner Kette, als er mich verfolgte, das Scharren seiner Krallen auf dem blanken, harten Boden, und das Hallen seiner belfernden Stimmen gellte in meinen Ohren. Dann vernahm ich mit innerlichem Vergnügen den harten, klirrenden Laut, als die Kette zu Ende war, sich spannte, seinen Lauf hart abbremste, sich einem Würgeengel gleich um seinen Hals legte und ihn mit zappelnden Gliedern zu Boden riß.

Sein dumpfer Aufprall drang an mein Ohr, und über die Schulter blickend sah ich ihn zu einem Häuflein Elend zusammensinken. Dabei erregte es mein besonderes Bedauern, daß es nur eine Kette war und kein elastisches Seil, das ihn an seine Höhle band.

Die Bureaukraten

War man dem Zerberus demutsvoll und freundlich entgegengetreten, so wies er einem hoheitsvoll den Weg zu ihnen, die in einem zwar verborgenen, aber dennoch lichtdurchfluteten Winkel der Fachhochschule residierten. Sie dienten vorgeblich der Verwaltung der Fachhochschule, oder sollte man sagen zu ihrer Verwesung? Waren sie doch zwar hilfreiche, aber völlig ahnungslose Geister, die nur um sich selber und um ihre Vorschriften kreisten und von dem, was um sie herum geschah, nichts mitbekamen. Zudem machten sie stets pünktlich Feierabend und erfuhren so von EPIs nächtlichem Treiben nichts.

So waren sie EPI als Lockvögel für eine scheinbar freundliche FH durchaus willkommen, zumal sie an interessierte Personen sogenannte Studienführer aushändigten, mit denen sie sie in Versuchung führten, an der Fachhochschule Monsterhafen zu studieren. Wer den Verlockungen dieser Schrift erlag und sich daraufhin einschrieb, der war den Qualen von EPIs Monstern von nun an ausgeliefert, sofern er nicht aufsteckte und den Bettel, also seinen Studentenausweis, der Frau Gaukeley wieder hinschmiß.

Wer jedoch bei der Stange blieb, der mußte nun durch die Qualen des Studiums hindurch, allein getragen durch den Glauben an ein besseres Leben danach, als allgemein respektierter und kompetenter Ingenieur nämlich. Ob es allerdings ein solches tatsächlich gab, das vermochte einem niemand zu sagen, am allerwenigsten aber ...

Der Dekan

Der Dekan, das unbekannte Wesen. Angeblich war er der Leiter eines Fachbereichs, der zwar seinen Namen auf den Zeugnissen der Studenten verewigen sollte, in Wirklichkeit aber recht unauffällig blieb. So wurde man den Verdacht nicht los, daß auch er lediglich ein Aushängeschild EPIs für eine harmlose Fachhochschule war.

Angeblich wurde der Dekan aus den Reihen aller Dozenten eines Fachbereiches im jährlichen Zyklus gewählt. Das kann aber wohl nicht ganz so sein, denn die Zeugnisse unterschrieb EPI gemeinhin. Außerdem ist ein Dekan ein Produkt der Alchemie, bei Nichtgebrauch tiefgefroren aufzubewahren. Bei minus 32°C wird nämlich ein Dekan flüssig, bei Raumtemperatur ist er gemeinhin überflüssig.

Der Rektor

Auch er war eine extrem unscheinbare Gestalt, die sich stets im Hintergrund hielt. Böse Zungen behaupteten, "Rektor" sei lediglich eine Abkürzung für "Spiritus Rektor", weil er dem Alkohol verfallen sei und deshalb meist so berauscht, daß schon von dort her das meiste an ihm vorbeiging. Deshalb müsse er ständig gegen einen anderen ausgewechselt werden.

In der Tat war er keine konstante Größe, sondern er wechselte oft seinen Namen und seine Gestalt, soweit man das sicher feststellen konnte. Denn eigentlich sah man den Rektor nur einmal im Semester bei der Verabschiedung von frischgebackenen Ingenieuren. Dabei schwätzte er dann aber wirres Zeug über deren und der Wirtschaft Zukunft, weil ja sein Hirn, was das Wesen und Unwesen der freien Wirtschaft anging, von keiner eingehenden Sachkenntnis getrübt war. Es bedurfte ja nur einer Berufspraxis von fünf Jahren, egal in welchem forscherischen Elfenbeinturm, um einer Professur und damit auch eines Rektorats würdig zu werden.

Dieweil man allgemein nur seiner eigenen Verabschiedung beizuwohnen pflegte, erlebte man den Rektor und seine Reden meist nur einmal in seinem Leben, und das war auch absolut hinreichend.

Die Betriebswerkstatt

Folgen Sie mir nun auf meinem Weg durch die lichten Säle und Höfe des Vorlesungstrakts in das verworrene Labyrinth der düsteren Korridore, die den tristen Bereich der Labore einer vielgliedrigen Schlange gleich durchzogen. Denn im Inneren dieses Labyrinthes hausten sie, die seltsamen, blassen und ewig müden Geister der Betriebswerkstatt.

Friedlich schlummerten sie dahin über den Tag, wie weiland das Dornröschen in seinem Schloß, solange man sie in Ruhe ließ. Aber finster, mürrisch und abweisend traten sie einem jeden entgegen, der es wagte, ihre Ruhe zu stören. Wer sie waren, woher sie stammten und was sie den lieben langen Tag über eigentlich trieben, das liegt im Dunkeln der Geschichte. Unklar blieb auch, ob sie nur für gute Worte etwas zu tun bereit waren. Daß sie mit einer Kiste Bier zu gewissen Aktivitäten zu bewegen waren, ist hingegen verbürgt.

Lassen Sie uns schnell diesem dunklen Raum entfleuchen und die Spinnweben abstreifen, pfft, spuck, igitt!
Begeben wir uns lieber in ein etwas lichteres Labor, in das die Strahlen der Sonne hereinzufallen vermochten, sofern man sie nicht durch Jalousien abschattete: in das Labor für Werkstoffprüfung, EPIs absolut heiligen Gral, in dem ein eminent wichtiges Monster sein Regiment führte und es sorgsam behütete.

Snurp

Er war EPIs persönlicher Assistent und einer seiner Sympathisanten, ein Epiker also. Letzteres suchte er aber vor den Studenten zu verbergen, indem er dem EPI manchmal übel nachredete. Vielleicht tat er das aus Gram über sein Aussehen, denn da hatte EPI wiederholt arg gepfuscht. Zum einen hatte Snurp eine gekräuselte Haarpracht, welche aber keines natürlichen Ursprungs war, sondern dadurch entstand, daß ihn EPI bei seiner Herstellung zu stark erhitzt hatte. Demzufolge entstanden Härtespannungen, und EPI versäumte es, diese durch Spannungsarmglühen wieder zu beseitigen, wodurch die Dauerwelle erfunden war.

Weiterhin hatte Snurp leicht vorstehende Augen, auch Fischaugen genannt. Offenbar hatte EPI ihm gebrauchte Augen von mangelnder Qualität eingesetzt. Deshalb trug Snurp eine Brille, monsterte am liebsten mit Röntgenstrahlen herum und wohnte in der Dunkelkammer des Werkstoffkunde-Labors, auf daß sich die Augen nicht über Gebühr abnutzen möchten.

Sorgsam hegte, pflegte und bewachte Snurp die Einrichtungen und Maschinen seines beziehungsweise EPIs Labors, diese werkstoffkundlichen Folterinstrumente. Nur wenigen Studenten wurde die Ehre zuteil, ihre "unegalen Finger" an diese Heiligtümer legen zu dürfen, um sie für ihre Diplomarbeiten zu verwenden und Materialproben bis zu ihrer Zerstörung hin zu martern.

Streng war Snurps Rüge, als eine meiner Proben des Nachts auf einer der Prüfmaschinen vorzeitig zerbarst und ihn das Rattern in seiner Dunkelkammer unsanft aus seinem Schlummer riß. Aber was konnte ich dafür? Üblicherweise lief der Versuch, von uns am Nachmittag gestartet, unbeaufsichtigt ab, und er dauerte nun einmal so lange, daß die Nacht darüber verging. Und üblicherweise schaltete sich auch die Maschine nach der Zerstörung einer Probe automatisch aus, nur dieses eine Mal ausgerechnet nicht.

Im Grunde seines Wesens war Snurp jedoch ein recht unepischer, weil hilfreicher Geist, ohne dessen Beratung und Beistand meine Diplomarbeit beileibe nicht so gut ausgefallen wäre, wofür ich ihm an dieser Stelle posthum, oh, Verzeihung, im nachhinein natürlich, ausdrücklich meinen Dank aussprechen möchte.

Gummibeil und Bombe

Die Assistentin Gummibeil stand dem Alchemisten Bombe als Laborgeist bei seinen abstrusen Versuchen zur Seite. Seitdem EPI sie mit OPA verkuppeln wollte, schmollte sie und blickte recht finster drein. Deshalb versuchte EPI später ebenso erfolglos, sie bei einem anderen, ständig finster einherblickenden Monster unterzubringen.

Bombe selber war, wie bekannt, keines von EPIs Monstern, sondern eine Art grauer Eminenz von unantastbarem Status, denn er war der einzige seiner Zunft an der Fachhochschule. So konnte ihm keiner an den Karren fahren und er hatte seine Ruhe, fixierte sich ganz auf seine eigenen Ziele und konzentrierte sich intensiv auf seine eigenen Versuche. In einer entlegenen und ruhigen Ecke des Labortrakts ging er seinem mysteriösen Tun nach, das mangels Fachkenntnis niemand nachzuvollziehen vermochte, und interessierte sich nicht für EPIs oder der Monster Treiben.

Was waren wohl Bombes Ziele, was mochte er wohl herstellen wollen bei seinen geheimen Versuchen? Nach Gold trachtete er wohl nicht, wurde ein Professor doch überreichlich entlohnt. Auch wollte er wohl keine neue, furchtbare Bombe bauen, war er doch bestimmt froh, den Schrecken des Krieges lebendig entronnen zu sein. Er war ja Flieger gewesen, woher sein Name rührte. Wollte er deshalb vielleicht einen ultimaten Tarnanstrich mit Radarabsorber erfinden? Oder war er etwa auf seine Weise auch hinter künstlichem Leben aus der Retorte her und führte deshalb gerne in seiner schlitzohrigen Art den der Alchemie unkundigen EPI mit zweifelhaften Ratschlägen in die Irre?

Nur Bombe selber könnte diese Frage beantworten, aber er wird es nicht tun. Er führte seine geheimnisvollen Versuche durch, beseitigte die Rückstände und verschloß die Ergebnisse und Erkenntnisse in seinem Geist. Es lag ihm fern, sein Wissen preiszugeben, und nur zu gerne hätte EPI ihn einmal mit seinen werkstoffkundlichen Folterinstrumenten traktiert, um ihn zum Reden zu bewegen. Aber an Bombe, diese Institution, wagte sich EPI nicht heran, weil dieser dann aus Rache EPIs Treiben allseits publik gemacht hätte. Ein völliges Verschwindenlassen der Institution kam auf Grund zu erwartender peinlicher Untersuchungen natürlich auch nicht in Betracht.

Bombe hielt nach der Rückgabe der Klausur noch ein Kolloquium zum Plagen der Studenten ab, von denen er drei oder vier auf einmal befragte. Unsere Gruppe hatte allerdings Glück, denn es gelang einem meiner Kommilitonen rasch, das Gespräch auf Lothar Meyer zu bringen, den Entdecker des Periodischen Systems der Elemente. Geschickt spielte er mir diesen Ball zu, dieweil ich über diesen namhaften Gelehrten einiges wußte. Ich griff den Faden auf, und so gelang es uns, Bombe für den Rest des Verhörs gnädig zu stimmen und sogar unsere Klausurnoten noch zu verbessern.

Im Sinne EPIs war er ein Ausreißer, ein total mißratenes Monster, von äußerst freundlichem und verträglichem Wesen, so gar nicht dem Quälen von Studenten zugeneigt. Oft und lange hatte EPI schon nach dem Fehler gesucht, der ihm beim Konditionieren unterlaufen zu sein schien, ohne jemals eine Spur zu finden. Hätte er doch nur ein anderes Gehirn genommen, nicht gerade das dieses netten alten Oberlehrers!

Was konnte man mit einem solchen Wesen nur anfangen? Es war von großer Intelligenz, was aus seiner Glatze ersichtlich war, hatte exzellente pädagogische Fähigkeiten und beherrschte nicht nur die höhere, sondern vor allem auch die monsterische Mathematik.
Cronimo-Sinus, Epicosinus, Dracula-Tangens und Monstro-Cotangens und deren Hyperbolici waren ihm gut vertraut, lediglich mit dem Monstern haperte es halt. Was war da nur zu tun?

Listig, wie unser EPI nun einmal war, beschloß er, den Mawei nur im ersten Semester einzusetzen, quasi als einen Aufwärmer, um das Vertrauen der Studenten zu gewinnen und sie in Sicherheit zu wiegen. Aber nur, um sie hernach im zweiten Semester dem Chaos brutal in die Arme zu werfen!

Suchte man nach Spuren seiner Herkunft, so stieß man bei Mawei auf einen sogenannten Tafelkomplex. Dieser rührt daher, daß der Operationstisch bei Maweis Erschaffung gerade nicht zur Verfügung stand, weshalb EPI ihn auf einer abmontierten Wandtafel zusammenbaute. Dies nun hatte zur Folge, daß bei Maweis Vorlesungen die Wandtafel stets penibel klinisch rein geputzt werden mußte. "Nehmen Sie viel Wasser!" pflegte er zu sagen.

Ein weiteres Indiz seiner Herkunft waren gewisse Probleme, die Mawei mit seinen Halswirbeln hatte und die ihn veranlaßten, ab und zu eine seltsame, ruckende Kopfbewegung durchzuführen, die der gewisser Vogelarten ähnelte, wenn sich diese auf dem Erdboden bewegen. Auch war sein Kopf beim Gehen nicht in einer Linie mit seinem Körper, sondern eilte diesem stets ein wenig auf einem S-förmig gekrümmten Hals voraus, was ihm eine entfernte Ähnlichkeit mit einem Geierlein verlieh. Ansonsten vermochten wir jedoch keine gravierenden Monstrositäten festzustellen.

Dem Mawei gebührt mein Dank dafür, daß er mir den Einblick in die wundersame Welt der Mathematik bescherte, den meine früheren Mathedozenten mir stets verwehrt hatten. An die letztere Tradition versuchte offenbar auch des Maweis Nachfolger anzuknüpfen, wie an späterer Stelle noch anschaulich dargestellt werden wird. Allein, nun war ich gewappnet und durch Mawei motiviert, mich in den nächsten Semestern ohne Zagen und Zaudern in den Kampf mit Differentialen, Integralen und Determinanten zu stürzen.

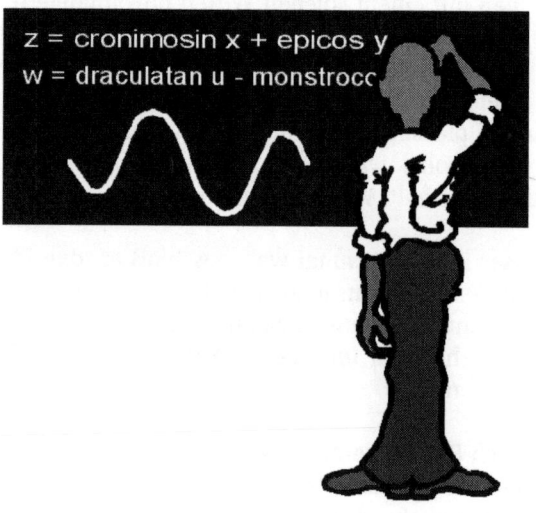

Der kleine Didi

Wie Snurp gerne kolportierte, wurde der kleine Didi allgemein "Der Testfahrer von Matchbox" genannt, den kleinen Automodellen also, weil er von recht kleinem Wuchs war. Das rührte entweder daher, daß EPI ihn beim Weichglühen zu lange im Ofen gelassen hatte, so daß er einlief, oder aber daher, daß EPI seinen Schrumpfungskoeffizienten verkehrt berechnet hatte. So ganz exakt ließ sich das nicht mehr zurückverfolgen.

Das Fachgebiet des kleinen Didi war die Fertigung. Von da her hätte er durchaus EPIs Kronprinz und Erbe werden können, weil die Fertigung dem Werkstoff gar mannigfaltige und große Qualen versprach: Erhitzen, Schmelzen, Gießen, Walzen, Schmieden, Zersägen, Zerspanen, Biegen, Bohren, Aufreiben, Brennschneiden, Schweißen, Pressen und andere Gewalt mehr.

Klein Didi war allerdings nicht geeignet, EPI zu beerben, dieweil er zu friedlich und zu wenig quälerisch veranlagt war. Da hatte EPI wohl ein falsches Hirn erwischt oder aber es nicht gescheit konditioniert. Nur ab und zu stellte der kleine Didi den Studenten in seinen Klausuren arglistige Fallen: Brüche, in Formeln gut getarnt, wurden umgedreht, auf daß die Formeln wie gewohnt aussahen, doch in der Hitze der Klausur eine Falle in sich bargen. Auch stellte er ab und zu recht hinterlistige Aufgaben. Das allerdings veranlaßte mich dazu, unter eine seiner Aufgaben zu schreiben: "Ich sage Ihnen lieber nicht, was ich davon halte!", wodurch ich mir allerdings Didis Rüge einfing und nur um Haares Breite einer Verschlechterung meiner Klausurnote entging.

Man kann sagen, daß auch der kleine Didi als ein Einstiegsquäler für die Studenten eingesetzt wurde, damit nicht gleich alle wieder den Bettel hinwarfen. So war sein Fach denn auch überwiegend ein Paukfach. Später aber wurden die Qualen mittels schlimmerer Fächer und Monster raffiniert und kontinuierlich gesteigert.

Im Prinzip war Klein Didi ein höfliches Monster, denn er leitete seine Reden oft mit "Bitte, meine Herren..." ein, damit die anderen Monster Zeit hatten, ihn zu unterbrechen. Dann jedoch wurde er manchmal frech und sehr laut, denn EPI hatte ihm statt einer Stimme einen Lautsprecher eingebaut. Deshalb sang Didi beim Harfespielen auch meist recht scheußlich.

Weil er von so kleinem Wuchs war, war dem kleinen Didi ein Entenhaus am See des Parks als Behausung hinreichend, das wegen seiner Form eines kleinen bäuerlichen Anwesens und wegen Didis lauter Stimme gemeinhin "Der Lauthof" genannt wurde.

Opa

Er wurde bereits beschrieben, so wie er erschaffen wurde und wie er uns auch gegenübertrat: mit seiner grauen Tonsur, seinen großen Augen mit der dicken Brille darüber, mit seiner viel zu langen Jacke und den Hosenträgern darunter, und nicht zuletzt mit seinem auserkorenen Lieblingswort "ungeschickt".

Dieweil EPI ihn aus Einzelteilen zusammengebaut hatte, lag es nahe, daß sich auch OPA für solche begeisterte, und folgerichtig unterrichtete er über die Maschinenelemente und wurde angesichts seiner Baupläne ein leidenschaftlicher Konstrukteur.
"Ihr wollts doch au'h alle Konschtrukteure werden?", fragte er uns einmal in dem ihm eigenen Dialekt. Nein, das wollten wir beileibe nicht alle, aber in sechs Semestern mußten wir gequälten Wesen sage und schreibe fünf mal Konstruktionen berechnen und zeichnen, davon drei bei OPA! In Tusche ausgezogen, wohlgemerkt, nicht nur in Blei entworfen, und streng nach den Normen.
"Der alte Herr DIN will es so!" pflegte OPA zu sagen. "Und die junge Frau ISO wohl auch." fügten wir dann in Gedanken bei.

Wo mochte EPI das Gehirn seines Erstlings wohl aufgetrieben haben? OPA sprach nämlich nicht nur einen seltsamen Dialekt, sondern er hatte auch einen recht eigenartigen Humor. Wenn er einen Witz erzählte, trippelte er vor der Pointe von einem Fuß auf den anderen, wackelte während der Pointe mit dem Kopf und stieß nach der Pointe ein Lachen aus, das dem des Monsterchens Ernie aus der Sesamstraße ähnelte: "Ch, ch!"

Seiner Entstehung eingedenk liebte er Bauteile, also seine Maschinenelemente, über alles, und es härmte ihn, wenn ihnen ein Leid geschah. "Wenn Sie durch die Werkstatt gehen und auf dem Boden liegt eine Schraube, dann geben Sie dem armen Ding einen Fußtritt, und es fliegt ..." - "NEIN!" protestierte ich scharf, "das ist doch ungeschickt, das machen wir nicht! Die heben wir auf, stecken sie ein und legen sie dann zu Hause ins Lager."
Selten nur habe ich in den Augen eines Wesens so viel Freude leuchten sehen wie in denen des OPA ob dieser Bemerkung, und der Ausdruck dieser Freude in seinem faltigen Antlitz rührt mich auch heute, nach so langer Zeit, immer noch an.

OPAs Hauptlebensmittel waren Zigaretten, sehr zu EPIs Leidwesen. Eine nach der anderen wurde mit Leidenschaft verzehrt, vor allem auch im Hörsaal beim "Konschtruieren". Einem Schreibstift gleich hielt er sie in der Hand, die glühende Spitze auf den Konstruktionsfehler gerichtet und die Asche auf die Zeichnungen verstreuend. "Ein derartiches Gebilde, das ist doch ungeschickt", tipp, tipp, "das machen wir anders. So en großer Klobi mit so 'nem dünnen Pinne - ch, ch", tipp, tipp. Und alsbald zierte ein dickes Bleistiftkreuz die ungeschickte, vollgeaschte Zeichnung.

So groß war sein Hunger nach den Zigaretten, daß es ihn des öfteren bereits nach einer Stunde Vorlesung nicht mehr hielt und er uns erwartungsvoll fragte: "Wolle mer konschtruiere? Ja? Dann könne mer au'h ahne rauche, ch, ch!" Sprach's und zündete sich eine an.

Auf dieses Signal hin zogen eines Tages alle rauchenden Kommilitonen unter uns dickste Zigarren unter ihren Pulten hervor, entzündeten diese alle gemeinsam und ließen OPA, wenn auch nicht im Regen, so doch in einer gewaltigen, beißenden Qualmwolke stehen, beziehungsweise verschwinden, - ch, ch, üche üche, hust, hust!

Nach dem Ende der Vorlesungen und Konstruktionen pflegte sich OPA gemeinhin in seine Gruft zurückzuziehen. Um schneller dorthin zu gelangen, hatte er einen Trampelpfad über den Sportplatz getreten. Den Sportplatz selber benutzte er jedoch nicht, denn sein Lieblingssport war "über'n Findlingsblock hupfen". Anderen Arten des Sports war er strengstens abhold, denn sie hatten für ihn "keinen sittlichen Nährwert, ch, ch."

Ab und an lüftete er seine Behausung auch einmal, aus der dann eine gewaltige Rauchwolke entwich: "Dann fauchts aussi, ch-ch!" Zu diesem Zweck hob er den Deckel hoch, guckte wild heraus und brüllte "Ungeschickt!", um alsbald den Deckel wieder zu schließen. Grummelnd stürzte er sich dann, in Gesellschaft von Fledermäusen und anderem Getier, im fahlen Licht von Glühwürmchen und faulendem Holz auf der Studenten Konstruktionszeichnungen, auf daß er ihre Fehler enttarne, dabei ständig "ungeschickt" brummend. Alsdann knobelte er die Bewertungen aus mit einem Würfelspiel aus den Gebeinen verschiedener Monstren.

Seine grausigen Marterwerkzeuge, die wir entwerfen oder berechnen mußten, waren zum Beispiel peinigende Preßpassungen, Klemmverbindungen ähnlich den Daumenschrauben und schmerzhafte Verspannungsdreiecke beim Anziehen von Schrauben:

"Wenn Sie dann die Schrauben annuddeln, ch, ch ..., ja, aber wenn mer's net machet, denn gahts wedder uff. Denn rappelt's im Karton, des macht ka Freud mehr!"

Mikrometergenaue Konstruktionszeichnungen von Schrägsitzventilen und Getrieben trugen ihren Teil zu unseren Qualen bei. Die Getriebe waren mit "Rädseln" versehen, also mit Zahnrädern, die sich in ungenießbarem Öl wälzten und schwer zu berechnende, grauslich bissige Evolventenverzahnungen hatten. "Elvovente" nannte OPA diese seine Lieblingsverzahnung, und in dieser Form schnitt er auch hier und da bei seinen Kollegen die Hecken: seitlich exakt bogenförmig, aber oben abgeflacht. Dabei arbeitete er gerne mit einer Profilverschiebung, "damit sie dicke Füße kriegen, ch, ch".

Relam

Relam war ein "Koofmich", ein Kaufmann also, was man schon daran sah, daß er stets sehr gut gekleidet war. Obwohl er kein Jurist war, durfte er bei uns Rechtskunde lehren. Er war ein Mann von rabenschwarzem Humor, der sich in seinen Vorlesungen genüßlich darüber ausließ, wie man Arme und Beine abhackt, Augen mit Regenschirmen aussticht, Leute mit Spazierstöcken erschlägt, Grenzbeamte überfährt, Hunde erschießt, Schiffbrüchige ertränkt und gar auf obststehlende Kinder schießt. Seiner Beteuerung nach waren das alles nur reine Fallbeispiele für seine Vorlesungen, und so weit es dem Chronisten bekannt ist, hat er diese bösen Sachen auch nicht in die Tat umgesetzt. Dafür hatte er halt andere Marotten.

Im Gegensatz zu seiner eleganten Erscheinung und zu etlichen seiner Kollegen wohnte er nicht in einer Villa am Neuen Busch, sondern in einer primitiven Behausung am 'Nassen Hafen', wo er seine Ruhe hatte. Wenn er nach Hause kam, ließ er oft das Vorhängeschloß vor der Tür und glitt zum Schornstein hinein, damit ein jeder glaubte, es sei niemand daheim. Das schaffte er, denn er war aalglatt! Dann konnte er in seiner Behausung ungestört herummonstern und mit Altöl oder gar mit alten Autoreifen heizen, oder warum stieg da immer so ein schwarzer Rauch aus seinem Kamin?

Relams spezielle Qualen waren die Fallbeispiele in seinen Klausuren, denn bei ihm mußte man stets solche anführen, um eine gute Note zu erringen. Also paukte man sich die bereits bekannten Beispiele am besten genau so auswendig ein wie den Stoff per se, es sei denn, man konnte Relam durch Novitäten überzeugen.

So gelang es mir immerhin, das folgende Beispiel für einen unverschuldeten Notstand nach § 54 StGB nicht eingepaukt, aber frisch fabuliert bei ihm anzubringen:
"Heizer Musculus Protzus und Stewart Softy Milchbart überleben den Untergang der Titanic. Sie finden sich im Wasser treibend wieder mit einem Brett, das aber nur einen von ihnen zu tragen vermag. Der stärkere Musculus Protzus zwingt den schwächeren Softy Milchbart, eine letale Dosis Salzwasser zu schlucken, sprich: zu ertrinken. Protzus wird nicht bestraft."

Um Relam auch weiterhin gnädig zu stimmen, schmückte ich bereits bekannte Fallbeispiele aus und benannte gar ihn selber einmal als Beispiel. Relams Kommentar: "Sie haben Phantasie und Humor. Ein Lichtblick bei den vielen Klausuren. 1!" Da freute sich der Student natürlich und hofft als Chronist, daß die geneigten Leser am Ende ihrer Lektüre ähnliches über dieses Werk zu sagen vermögen.

Zinky

Er hieß so wegen seiner riesigen Nase, seines Zinkens, wie man so sagt. Für seine Stimmbänder hatte EPI eine zu weiche Gummimischung verwendet. Deshalb zog Zinky 'beliiiebige Vokaaale in die Läänge und kultiviierte darob aine etwas getraaagene Reedewaihse'. Um diesen Mangel auszugleichen, legte er sich eine ausgeprägte Gestik zu und trat je nach Anlaß arrogant bis rotzfrech auf. Selbst EPI und der Kultusminister konnten ihm den Buckel runterrutschen, so behauptete er jedenfalls. Zinky war stets tief gebräunt, auch im Winter, und gut gekleidet. Deshalb erhielt er von uns den Beinamen "Das Mannequin von C&A".

Zinkys Lehre war die von der technischen Mechanik, welche sich befaßte mit dem Verhalten lebendiger Kräfte in toten, starren Körpern. Diese Lehre schloß auch die von der Statik der Fachwerke ein. Den Nicht-Technikern unter Ihnen sei an dieser Stelle erläutert, daß einer jeden Strebe eines Fachwerks eine Kraft innewohnt, welche einzig und allein danach trachtet, das Gebilde über dem ahnungslosen Betrachter zusammenstürzen zu lassen. Das passiert aber nur dann, wenn eine der Streben, mag sie dem Laien auch noch so unbedeutend erscheinen, entfernt wird.
Dieser Umstand rührt daher, daß eine jede Strebe, auch Stab genannt, zwangsläufig entweder durch Zug oder durch Druck beansprucht wird. Stellen Sie sich einmal die Gewichtskraft Ihres Hausdachs vor, die unnachgiebig auf den schrägen Dachsparren lastet und in gemeiner Weise auf sie drückt. Was würde nun wohl geschehen, wenn die Sparren nicht an ihrem unteren Ende durch einen Balken oder eine andere Zugstrebe zusammengehalten würden? Richtig, die Sparren würden der Druckkraft nachgeben und das Dach "fallt z'sammn", wie OPA sagen würde.

Wenn Sie das nachvollziehen können, dann haben Sie die technische Mechanik im Wesentlichen schon begriffen: Sie ist die Lehre vom Gleichgewicht der Kräfte. Allerdings sind bei Fachwerken die sogenannten Nullstäbe von besonderer Arglist, weil sie einem vorgaukeln, daß sie frei von Kräften sind. Aber in ihnen neutralisieren sich nur die Zug- und Druckkräfte, und entfernt man einen von ihnen, so bricht das Fachwerk unvermittelt über einem zusammen.

So brach dann auch Zinky mit seinen Kräftegebilden gleich einem Gewitter über uns herein, und kaum war es uns möglich, seiner Hand, die wie im Fluge Kräftepläne an die Tafel warf, zu folgen, geschweige denn, dabei noch seinen verbalen Ausführungen zu lauschen. Wiederholungen oder gar eine Reduktion seiner Arbeitsgeschwindigkeit lehnte Zinky in der ihm eigenen Art stets kategorisch ab und riet allein, die Klausur abzuwarten.

Und in der Tat, so seltsam es anmuten mag: jeder halbwegs talentierte Student, der sich mehr der Sache hingab als dem Wein, Weib und Gesang frönte, konnte Zinkys Klausuren unbeschadet überstehen. Ja, er konnte beliiebig viiiele Kräfte freimachen und sie an den Cooosinus des Winkels Alpha antragen und andere wundersame Dinge mehr. Überdiies, diewail ganz im Gaiste des Ingeninöörwesens jeedwede Hilfsmittel erlaubt waaren, konnte derjeenige Student, der das richtige Buuch sain aaigen nannte, sich die Müühsal bedoitend erlaichtern und sogar durch Aabschraiben guute Nooten erraichen!

Neben der technischen Mechanik gab Zinky noch Getriebelehre, was sich recht harmlos anhört, aber graue Theorie war, Kinematik nämlich, bei der sich alle möglichen Punkte um alle möglichen anderen bewegten, nur: keiner wußte genau, wie und warum.

Nicht nur Zinkys Kräftegebilden wohnten große Kräfte inne, sondern offenbar auch seinem eigenen Körper. Oft nahm er sich das meterlange Lineal und schwenkte es bei seinen Vorträgen mit kräftigen Hieben, mit denen er sausend die Luft zerteilte. Auch mein Druckbleistift hatte oft unter ihm zu leiden, der Zinkys Gewalten zwar überlebte, dessen dicke Mine er aber bei seinen Erklärungen stets mit Vehemenz auf meinem Manuskript zerbrach.

Er trug einen seltsam geschnittenen Bart, einen schmalen Streifen an der Kante seines Unterkiefers entlang, zur Tarnung der Stelle, wo EPI den Kopf zusammengenäht hatte. Diese Haare wurden seiner Kopfhaut entnommen und fehlten dort. Stammel-Didi war weiß Gott kein Einstiegsquäler mehr, sondern ein ausgewachsener Quälgeist. Kein Wunder, denn er unterrichtete Physik, und darin ist anscheinend das Wort "fies" verborgen.

Bei genauer Betrachtung seines Äußeren wurde dem Beobachter, so er über die nötige Kenntnis verfügte, offenbar, daß Stammel-Didi eine frappierende Ähnlichkeit mit einem Uakari, einem Amazonasaffen, besaß. Allein, es gelang nicht, trotz intensiver Befragung etlicher zoologischer Gärten, herauszufinden, ob irgendwo ein Exemplar abhanden gekommen war. Wo man auch fragte, man stieß auf eine Mauer des Schweigens, eine Welle des Achselzuckens und ein Meer der Ignoranz ob der Existenz oder des Fehlens eines dieser seltenen Tiere.

So blieb es zunächst im Dunkeln, ob EPI bei Nacht und Nebel einen Uakari entführt hatte oder was ihn zu Didis absonderlicher Gestalt inspirierte. Spätere Recherchen ergaben allerdings, daß Didi in wesentlichen Teilen aus Didi-Preßmasse, also dem alchemistischen Stoff Dizyandiamid, bestand und eben deswegen seinen Namen erhielt. Da hatte der Alchemist Bombe den EPI wieder einmal schlecht beraten, denn die Preßmasse wurde derartig hart, daß es dem Kirschengott kaum gelang, dem Didi hinreichend Geist einzuhauchen. Als Konsequenz verblieb ihm ein leichter Sprachfehler, weshalb er den endgültigen Namen Stammel-Didi erhielt.

Aus seinem seltsamen Aussehen und Gebaren wird ersichtlich, daß dem Stammel-Didi noch prototypenhafte Züge innewohnten. EPI hatte ihn einmal zu lange mit einer Zerstreuungslinse bestrahlt, deren Eigenschaften darob auf Didi abfärbten. So sollte er einmal das Hochzeitsfoto eines Brautpaares machen, jedoch war später auf dem Bild nur tiefste Schwärze zu sehen. Didi hatte nämlich vergessen, den Objektivdeckel seiner Kamera abzunehmen. Schlimmer noch: Nur der energischen Weigerung des Geistlichen war es zu verdanken, daß das Neugeborene des Paares, das der Mode nach am Hochzeitstag getauft werden sollte, nicht nach Didis Willen den Namen "Amplitude" erhielt.

Didis Lieblingsgebiet der Physik war die geometrische Optik, bei der er sich endlos lange aufhielt und mittels derer er seine Studenten bis zum Exzeß quälte. Endlose Konstruktionen abstruser Strahlengänge muß-ten wir über uns ergehen lassen, freundliche Lichtstrahlen einen nach dem anderen brechen und hernach im Labor schmerzhafte Brennstrah-len aus optischen Linsen erleiden. Das Wort "Labor" entstammt übri-gens dem Lateinischen und bedeutet "Mühsal, Qual", und genau das waren die physikalischen Laborübungen, zumal sie noch mit ekelhaft ausführlichen und total umständlichen Berichten zu ergänzen waren, die wir zu Hause im Schweiß unseres Angesichts anfertigen mußten. Aufs Schärfste wurden diese korrigiert und testiert, und keiner be-haupte, daß ein Student des Nachmittags auf der faulen Haut liegen und des Abends seinen Lastern frönen könne. Laborübungen und La-borberichte, Konstruktionen und das endlose Nachrechnen von Übungsaufgaben und alten Klausuren - das war des Studenten wirkli-che Freizeitgestaltung!

Stammel-Didis Leibgericht waren, passend zu seinem Leibgebiet, Gummilinsen: "Rechts herum rühren und dann abschmecken!"
Sein bevorzugtes Verkehrsmittel war das Pi-Rad, denn er glaubte, bewiesen zu haben, daß Straßenbahnen gar nicht fahren können. In seiner freien Zeit sammelte er Witze, die er dann in seinen Vorlesun-gen zum Besten gab, über die jedoch niemand außer ihm selber lachte. Das verstörte ihn so sehr, daß ihn alsbald sein Laufwerkschaden plag-te, der ihn halb um sein Pult herum und wieder zurücklaufen ließ.

Stammel-Didi traf gern einseitige Vereinbarungen ob der Anzahl der zu schreibenden Klausuren und stellte in seinen Vorlesungen oft recht abenteuerliche Theorien auf. Er behauptete beispielsweise, die Fach-hochschule sei der Mittelpunkt von Monsterhafen, OPAs Höhle sei ein ruhendes Bezugssystem, EPI sei ebenso unwiderlegbar wie Newton, und allerlei anderes krauses Zeug.
Ein harmloser Spinner? Wer das glaubt, hat die Öde seiner Vorlesun-gen, die Qualen seiner Klausuren und die Plagen seiner Laborübungen nicht durchlitten!

Öde waren Didis Vorlesungen vor allem deshalb, weil er so langsam und zerstreut war, aber nicht nur deshalb kam oft Langeweile auf. Irgendwann konnte man einfach diese ganzen Bewegungsdiagramme nicht mehr sehen, der Kopf hing einem am Hals wie der schiefe Wurf an der Tafel, und das Gehirn geriet unweigerlich in das Trudeln einer ungleichförmigen Drehbewegung. Gebündelte Lichtstrahlen schmerzten unseren Augen, vor lauter Brechungen fingen wir schon selber an, uns unwohl zu fühlen, und langsam bekamen wir den sprichwörtlichen Knick in die Optik.

So langatmig behandelte Didi die obigen Themen, daß er die Wärmestrahlung und ausgerechnet die Kernphysik nicht mehr in den drei Semestern unterbrachte. Ja, drei Semester wurden wir durch diese Heimsuchung gepeinigt! Da amüsierten wir uns in unserer Verzweiflung sogar über das Fettfleck-Fotometer, welches aber kein fauler Witz ist, sondern ein optisches Gerät, genau so bittere Realität wie die endlosen Qualen bei Didis Klausuren.

Alle seine kryptischen Formeln mußten wir gequälten Geister unseren geplagten Hirnen auswendig eintrichtern, denn Didi erlaubte in seinen Klausuren absolut keine Hilfsmittel. Er selber hingegen schien beim Korrigieren der Klausuren seine Fragen schon längst wieder vergessen zu haben.

Einmal stellte er zum Beispiel die folgende Frage: "Es interessiert die relative Frequenzänderung, Delta f zu f-Null." Man beachte die Formulierung, das interessierte nämlich keinen von uns. Zur Rettung der Klausur und des Scheins war es jedoch angebracht, auch diese Aufgabe wohl oder übel zu lösen. Hatte man das geschafft, so nützte es leider nicht viel, denn unter der richtigen Lösung glänzte in hellem Rot Didis unverständlicher Kommentar:
"Und wenn die gesamte Frequenzänderung Delta f interessiert?"

Was soll einem dazu nur einfallen? Höchstens ein Zitat meines alten Mathelehrers: "Ich sage nichts, aber ich denke mir meinen Teil."

Physik ist, wenn es nicht klappt, so sagt man. Klappte es zwar, mit viel Mühe und Schweiß eine brauchbare Benotung zu erringen, so blieb einem die rechte Begeisterung für Didis Physik doch versagt.

Little Fork

"Wie der Herr, so's Gescherr", so sagt man, und so verwundert es wohl kaum, daß dem Stammel-Didi im Labor ein hochaufgeschossener, dürrer und vor allem staubtrockener Assistent zur Seite stand, der bierernst und unnachgiebig über die Durchführung der qualvollen Übungen wachte. Er war der wahre Herrscher im Labor, hier war seine Domäne und nicht Didis, und wie ein alter Indianerhäuptling, so war auch er ein Experte der Marter.

Wie ein Teufelchen schlich er hinter unseren Rücken herum und blickte uns voller Argwohn über die Schultern, damit auch alles mit rechten Dingen zuging. Wenn wir versuchten, einem Experiment nur ein ganz klein wenig nachzuhelfen, indem wir gelinde am Fallgewicht zogen, ein schwingendes System ganz zart anstupsten, einen Drehschwinger zu unerwarteter Dynamik erweckten, einen Lichtstrahl weniger hart brachen oder den Brennpunkt eines Linsensystems ein klein wenig zu unseren Gunsten korrigierten - dann spürten wir sofort seinen stechenden Blick in unserem Nacken gleich einem Dreizack in unseren Backen. Deshalb gaben wir diesem Laborhäuptling den Kriegsnamen "Little Fork".

Mein-der-Mann!

Dieses an sich friedvolle Wesen wurde bereits als "Der Kandidat" vorgestellt. Die dort verwandten Abkürzungen der Kalkulationsarten werden im folgenden erläutert:

Äquival: Äquivalenzziffernrechnung, Formel:
"Ka-i gleich: Kuh-i mal Kuh-i mal Ka
durch Summe Kuh-i mal Kuh-i".
BAB: Betriebsabrechnungsbogen,
als große Qual gefürchtet.
Divikalk: Divisionskalkulation.
Haudraufkalk: Zuschlagkalkulation.
Investikalk: Investitionskalkulation.

Kurzum, eine Menge Kalk rieselt bei dieser sich so geheimnisvoll gebenden ~~Leere~~ Lehre der Betriebswirtschaft, die den Unbedarften mit Begriffen wie "Soll an Haben buchen" zu verwirren trachtet, letztlich aber auch nur mit Wasser kocht und mit Zahlen rechnet und diesen Umstand nur hinter einem verquasten Fachchinesisch dem Außenstehenden zu verbergen versucht. Schulden bleiben nun einmal Schulden, auch wenn man sie als "Verbindlichkeiten" zu tarnen versucht, und "buchen an" kann nicht verhindern, daß man einen Betrag, der einem Posten zugeschlagen wird, einem anderen abziehen muß, sonst kippt nämlich die Bilanz. Ohnehin seien die ganzen Kalkulationen des betrieblichen Rechnungswesens lediglich "theoretische Grundlagen, absolut unrealistisch", so behauptete Mein-der-Mann!

Moser junior

Fürwahr, ein unglaublicher Gnom, ein wahrhaftiger Chaosimo. So chaotisch, zerrissen und zerfetzt waren seine Vorlesungen, daß allein intensive häusliche Studien einen Sinn hineinzubringen vermochten. Blättern Sie nur einige Seiten zurück bis zu dem Zitat, uns 'dem Chaos brutal in die Arme zu werfen', dann wissen Sie, welches Fach der Chaosimo zum unendlichen Leidwesen der Studenten lehrte: Mathematik! Damit aber nicht genug, auch in ~~Schwindellehre und Brutzelmaschinen~~ Schwingungslehre und Brennkraftmaschinen mußten wir ihn und seinen Chaotismus später noch ertragen. Denn zu unser aller Bedauern war er ein "Inschinör und kein Kaufmichel".

Wehe, welch ein Hirn hatte EPI da nur ausgesucht? Ein geistiges "Laborind", ein Labyrinth also von unergründlicher Tiefe und Komplexität. Um es mal mit Mosers Worten zu sagen: "Dass iss komplex, und komplex heißt verwickelt!"

Moser jr. war von kleinem Wuchs, wie EPI, wenn auch nicht so drahtig. Um so größer aber war das Chaos in seinen Traktaten, deren Kontinuität andauernd unterbrochen wurde durch seine Beschwörung HIERCH!, deren Bedeutung unter dem Begriff "Epitaph" bereits erläutert wurde. Wenig verwunderlich angesichts seines Fachgebietes und seines gnomenhaften Körpers mutete es an, daß des Mosers Lieblingsspeise Integrale waren, die er zuvor "in schmackhafte Form" brachte.

Nach deren Genuß hüpfte er dann wie ein Derwisch, ein Veitstänzer, zwischen ~~Katheter~~ Katheder und Wandtafel herum, "fit und geölt", andauernd das soeben Geschriebene mit der blanken Hand wieder auswischend! Und was er dabei an Begriffsdefinitionen, Theorien und Sprüchen in unsere Ohren schmetterte, entzieht sich jeder Vorstellung und spottet jeglicher Beschreibung. So bleibt mir letztlich nur eines übrig, um sein Tun und Treiben treffend zu beschreiben:
Lassen wir seine Zitate für sich selber sprechen, zur besseren Lesbarkeit, falls überhaupt möglich, in einen sinnvollen Zusammenhang gebracht, "ßßoo, HIERCH!"

Aber gönnen wir uns doch lieber noch einen schönen Urlaub, bevor Moser mit voller Wucht über uns hereinbricht. Fliegen wir also mit Moser und seiner Frau in die Südsee. Da gibt's was zu erleben, denn "da schmissen sie die Lagune raus" (die Harpune vermutlich).

Sie möchten lieber in die Berge? Dorthin fahren Sie natürlich mit dem Auto, denn "das Auto ist ein Stück Freiheit". Mosers Freiheit konnte allerdings nicht allzu groß sein, denn er fuhr eine 'Ente', sein angetrautes Weib hingegen einen Mercedes. Egal, wandern Sie mit Moser vom Mont Noir zum Pic du Laborind, bewundern Sie dort die "Kaschkaden" und kehren Sie ein "bei der lustigen Witwe".

Diese wäre, wenn sie denn auch noch lüstern ist, das richtige für die Studenten, denn "die machen so ein'n weg, wenn sie mit 'nem Gummi verbunden sind". Na klar, "Nimm mit, Kuddel, nimm mit!"
'Danach' hält man dann ja gern einen kleinen Schlummer: "Wenn die Studenten einschlafen, dann schläft man fast mit, hierch!".
Nach dem Einschlafen folgt leider zwangsweise das Aufstehen, und "Wer stößt Sie morgens an, wenn Sie aufstehen? Bei manchen die Frau, bei andern der Wecker, hierch."

Gottlob ist heute Sonntag, Zeit zur Muße also und zum Spielen, zum Beispiel mit der Modellbahn der Kinder, denn: "Wer spielt an der Eisenbahn? Der Alte!" Mosers Bahn war bestimmt eine zum Aufziehen, denn er legte Wert aufs Energiesparen: "Sonst, wenn wir mal tot sind, dann buddeln unsere Kinder uns noch aus und hau'n uns den Buckel voll, weil wir alles verbraucht haben!"

Bald war der Sonntag zu Ende, und am Montag wandelte sich die "Geborenheit" (Geborgenheit) des familiären Lebens wieder in den "Lumich" des Alltags. Munter hüpfte Moser in den Hörsaal und begrüßte seine Studenten mit den Worten: "Tach, ich bin der Minus, hierch", und verstieg sich später sogar zu der Aussage "Ich bin das Minimum!" Komplexe Differentiale mußten den Studenten nahegebracht werden, "da müssen wir erst die Formel ansehen, um zu sehen, wie wir es formulieren, hierch." Ein arges Problem anscheinend, dessen Lösung in der Erkenntnis lag: "Schreiben Sie hin: 'Differenzieren zu schwer!' Da brechen' sich die Knochen bei, hierch!"

Damit nicht genug, schwierige, gar obskure Begriffe waren den Studenten zu erhellen. "Ein Drittel, das ist der dritte Teil. Eins durch a-Quadrat, das ist doch ein Atel-Quadratel, hierch!" Ein homogenes Gleichungssystem, "das ist ein Krüppel, ist das." Eine inhomogene Differentialgleichung hingegen ist "eine geschtörte Differentialgleichung, weil sie 'nen Dachschaden hat!"

Viele Fremdworte sind schlichtweg zu lang. So könnte man doch auch 'Akamie, Mathetik, Phisophie und Theogie' sagen statt 'Akademie, Mathematik, Philosophie und Theologie', ist das doch eine reine Frage der Konvention. Moser beherrschte die Kunst der Vereinfachung exzellent. Eine Parallele war für ihn eine "Paralle", eine Diagonale eine "Digonale", die Effektivität kurz "Effekität" und ein Paraboloid schlicht ein "Bolleparoid". Nur die Kombination war ihm anscheinend zu kurz, so daß er sie zur "Kombinisation" erweiterte.

Die größte Qual, die Moser uns auferlegte, war ohne Zweifel eine Determinante, ein grausiges Gebilde aus vielen waagrechten Zeilen und ebenso vielen senkrechten Spalten voller scheinbar willkürlicher Zahlen. Diese Zahlen sollten nun zu einer einzigen zusammengefaßt werden, doch die Arglist des Gebildes bestand darin, daß man sich auf dem Weg dorthin gar vielfach verrechnen konnte, so daß die gefundene einzige Zahl zumeist die falsche war.

Als ein solches Gebilde Gegenstand einer Klausur sein sollte, gab es heftigen Protest, aber es half uns nichts: Moser blieb unnachgiebig. Zum Glück hatte einer unserer Kommilitonen eiligst ein Programm zur Lösung des Problems zusammengestoppelt, und ein jeder, der einen programmierbaren Rechenknecht hatte, fütterte diesen damit. In der Klausur spien die Rechenknechte dann das korrekte Ergebnis und die geforderten Rechenschritte aus, die wir sorgfältig auf das Arbeitsblatt übertrugen, um den Eindruck einer von Hand gerechneten Determinante zu erwecken.

Voller Stolz überreichte Moser, des Protestes eingedenk, die richtig gelösten Klausuren mit der Bemerkung: "Aber ums Verrecken keine Det rechnen wollen, hierch!" Eine auffällige Häufung scheinbar falscher Lösungen war ihm anscheinend nicht aufgefallen.

Moser hatte nämlich die Studenten während der Klausur in zwei Gruppen aufgespalten, welche verschiedene Aufgaben erhielten. Die Auflösung der Determinante der anderen Gruppe hatte er, wie auch die der unserigen, von Hand gerechnet und sich dabei natürlich prompt versehen. Es bedurfte der wiederholten Demonstration und der unwiderlegbaren Argumentation diverser Rechenknechte, um ihn zu überzeugen und ihn dazu zu bewegen, die Bewertung der anderen Gruppe zu korrigieren. Unser Protest war damit in vollem Umfang gerechtfertigt, und Moser hatte sich mit seinen Determinanten im Grunde genommen gleich zweifach selbst überlistet, ... HIERCH !!

Quasimodo

Omen est Nomen, also wie er aussah, so wurde er genannt, denn seine Erscheinung ähnelte ein wenig dem Glöckner von Notre Dame. Als Assistent eines gewissen "Haudegen vom Barrymount" war Quasimodo zuständig für grausame Zerspanungen aller Art, bei denen unschuldige, wehrlose Werkstoffe auf sogenannten Werkzeugmaschinen mit scharfen und spitzen Werkzeugen unbarmherzig in kleine Stücke gerissen wurden. Die Zerspanung ist also ein ganz besonders gemeines Untergebiet der Fertigung.

73

Die Überwachung der entsprechenden Laborübungen oblag ebenfalls Quasimodo. Bei diesen drückte sich der Haudegen nämlich gern, sei es aus Bequemlichkeit oder weil sie unter der Würde eines "vom Barrymount" waren. Lediglich bei der Übung zur Ermittlung der Rauhtiefe, also der Oberflächenrauhigkeit eines Werkstücks, war der Haudegen höchstpersönlich zugegen, denn die Rauhtiefe war seine Leidenschaft.

Eine sehr beliebte Übung war es, die Studenten unter Qualen eine Reihe von Arbeitsanweisungen in einen Lochstreifen stanzen zu lassen, um diesen dann an eine gefräßige Fräsmaschine zu verfüttern. Dieses damals fortschrittliche Verfahren nannte man "NC", das bedeutet "Numerische Kontrolle" der Maschine. Diese spie alsbald den lästigen Bandwurm wieder aus, merkte sich aber immerhin die Anweisungen und führte sie auch aus. Die Übung wurde gemeinhin zwar mit einem Fräser, aber ohne ein Werkstück durchgeführt. Dies hatte zum Vorteil, daß Fehler in den Programmen der Studenten nicht auffielen, es sei denn, sie waren so gravierend, daß der Fräser in den Maschinentisch fuhr, was bei uns gottlob nicht geschah.

Das Ausfegen des Labors durch die Studenten nach den Übungen war Quasimodo sehr wichtig und wurde von ihm sehr genau genommen, auch wenn keine Späne herumlagen. Wenn es zu seiner Zufriedenheit verlaufen war, belohnte Quasimodo den Ausführenden mit dem Lob "Hunderprozäntäch!" Wir allerdings nahmen die ganze Sache nicht so ernst: "Na, Heinz, willst du nun nicht ausfegen?" - "Nee, ich hab' heute schon gebürstet, ich brauch' nich' mehr zu fegen!"

Quasimodo bastelte einmal im Keller unterhalb der Betriebswerkstatt unter allgemeiner Anteilnahme an den Bremsen seines Automobils herum, das er aufgebockt hatte und dessen Antriebsräder er munter im Leeren kreisen ließ. Dieser Anblick entzückte ihn so sehr, daß er völlig vergaß, daß er an den Bremskolben manipuliert hatte: er hatte sie nämlich so weit herausgedrückt, daß seine ersten Tritte auf das Bremspedal ins Leere gegangen wären!
Munter fuhr er nach dem Herablassen des Wagens los, und um ein Haar hätte er mangels einer Wirkung seiner Bremsen die Fachhochschule gerammt! Das ging gerade noch einmal gut, und es lehrt, daß Bremsen nur mit Sachkenntnis und sehr großer Sorgfalt repariert werden dürfen.

Er war der Hebezeugpapst und der Drahtseilspezialist der Fachhochschule. Sein Wesen war recht nett, und seine Vorlesungen waren ausgezeichnet. Für uns Studenten war er ohne Zweifel ein Glücksfall, für EPI aber nur ein erneutes Beispiel seines Versagens bei der Konditionierung, bei der Umerziehung von externen Bewerbern. Er schaffte es einfach nicht, aus gutmütigen Wesen wirklich bösartige EPIsche Monster zu machen. Besser wäre es für EPI gewesen, wenn er seine Monster ausschließlich selber zusammengebaut hätte, aber das kostete halt mehr Zeit, und das Ergebnis war auch nicht immer absehbar.

Tippy entstammte wohl dem Norden dieses unseres Landes, hatte aber vor seinem Leben als EPIs Untertan an der Fachhochschule bei einem Patriarchen in Schwaben gearbeitet. Dort muß er allerdings wegen seiner hanseatischen "Sssprache" sehr aufgefallen sein. Diese sorgte natürlich bei uns für stetes Amüsement während seiner Vorlesungen, die er durch originelle Begriffe und Sprüche zu würzen verstand.

Reiste Tippys Chef, der Firmenpatriarch, oft mit dem "Luftmoped", einem kleinen Propellerflugzeug, in der Weltgeschichte herum, so war Tippy dieses Privileg allerdings nicht beschieden, denn er war ja kein "Geldingenieur", also kein Wirtschaftsingenieur. Tippy mußte auf dem Boden (der Tatsachen) bleiben und kontrollieren, daß die Schwaben keinen gekonnten Murks machten, das tun die nämlich gerne, denn "Schwaben sind immer für einen Sssstreich gut." "Gekonnter Murks" war für Tippy eine schlechte Improvisation oder eine "verwegene Konstruktion", wie man sie oft bei Autos oder Gebrauchsgegenständen findet, allerdings nicht nur bei schwäbischen. Möglichst billig zusammengestoppelt, aber wider Erwarten funktionsfähig, oder auf das durch Konstruktionsfehler durchgerostete Auto bezogen: Loch an Loch, und es hält doch, zum Erstaunen des TÜV.

Wenn Tippy zu seinen Kontrollgängen in die Werkstatt mußte, zog er immer den "blauen Anton" an, den Overall also, und beobachtete gern die Arbeiten mit dem "Warmluftbohrer", dem Schneidbrenner. Besonders aber ermahnte er die Arbeiter, wiederholt und sorgfältig zu messen, denn: "Wer mißt, mißt Mist!"

In der Werkhalle befand sich auch ein Laufkran, der von einer "Nudelgermanin", einer stämmigen Schwäbin, gefahren wurde, die Tippys heimlicher Schwarm war. Wäre aus dieser Schwärmerei allerdings mehr geworden, so hätte sie seine zierliche Gestalt mit Sicherheit zerdrückt. Dann hätte Tippy zum Arzt müssen, denn "der Doktor heckt die Pillen aus", und er repariert auch geborstene Gebeine.

So beschränkte sich Tippy lieber auf eine lockere Konversation mit seinem Schwarm, und sie lachten gemeinsam über Bayernwitze, denn "Bayern sind wüste Brüder, immer für einen Scherz gut."

Tippys besondere Vorlieben waren Aufzüge, besonders solche in Fernsehtürmen, Backenbremsen an Kränen und drallfreie Drahtseile. Diese seine Lieblinge stellte er uns in seinen Vorlesungen eingehend, interessant und lebendig vor, und er wird uns auch später in diesem Werk noch mit blumigen Zitaten erfreuen.

Ossi

Von Aussehen und Kleidung her war Ossi einem Chauffeur, oder präziser gesagt dem Tchibo-Mann ähnlich. Dem entsprechend war er von gemächlichem Wesen, auch, was seine Geschwindigkeit im Unterricht anging. Trotzdem blieben Sinn und Zweck seines Lehrfaches dem Verständnis der Studenten weitgehend verborgen, und sie empfanden es lediglich als eine weitere Qual, die sie auf ihrem dornigen Weg zum Diplom erleiden mußten.

Er unterrichtete nämlich Festigkeitslehre, welche darüber Auskunft gibt, welchen Widerstand ein Körper einer ihn belastenden Kraft entgegensetzen kann. Ist dieser Widerstand nicht groß genug, so obsiegt die Kraft und vernichtet den Körper.

Eine wichtige Wissenschaft, ohne Zweifel, doch ihr Erlernen ist eine Plage. Und was einen quält, streift man gerne alsbald wieder ab.

Überhaupt, wie groß ist der Widerstand eines studentischen Körpers gegen die beliiiebig viiiielen ihn belastenden Kräfte?

Des weiteren befaßte sich Ossi mit Konstruktionen und angeblich auch mit Schnellentwürfen. Das allerdings mochten wir aufgrund seiner Arbeitsgeschwindigkeit nicht so recht glauben.

Zum Unterricht erschien Ossi oftmals reichlich "cum tempore", uner-
laubterweise, begannen doch die Vorlesungen an der Fachhochschule
ohne das akademische Viertel. Ossi monsterte nämlich gerne noch ab
und an mit Zinky herum, da ihre Fachgebiete eine gewisse Wesens-
verwandtschaft aufwiesen. Aus diesem Grund wiederum begann auch
Zinky selten pünktlich.

War er endlich erschienen, plagte uns Ossi mit seinen kryptischen
Vorträgen, Beispielen und Aufgaben, setzte uns mit schmerzhaften
Spannungen aller Art (Zug, Druck, Biegung und Verdrehung) zu und
bescherte uns Momente des Widerstandes und der Trägheit, letztere
ein Abbild seiner selbst. Dem entsprechend verlor er bei seinen Traktaten oft den Faden. Dann steckte er seinen Zeigefinger in den Mund, als
wolle er ihn zum Umblättern einer Buchseite befeuchten, streckte sein
Hinterteil einer Ente gleich heraus und wackelte damit, es dabei stets
auf das Fenster richtend. Wenn er dann fortfuhr, so tat er dies meistens mit seinem Lieblingswort "öhm", wollte er jedoch etwas an die
Tafel schreiben, so klopfte er dort vorher mit der Kreide an.

Ossi wurde später der Korreferent meiner Diplomarbeit, zumindest auf
dem Papier. In diesen sauren Apfel mußte ich bei der Auswahl meines
Referenten beißen, aber ich tat dies ohne die geringste Furcht. Was
mag auch einen Studenten am Ende des letzten Semesters nach allen
überstandenen Qualen noch zu erschüttern? Nichts!

Bei meiner mündlichen Diplomprüfung war Ossi zwangsläufig anwesend, neben solch erlauchten Personen wie OPA und Zinky, die sich
erfreulicherweise für mein Thema interessierten. Im Gegensatz zu EPI,
der sich bestimmt gerade irgendwo anders wichtig tat.
OPA und Zinky stellten mir einige substantielle Fragen zum Inhalt
meiner Diplomarbeit. Mein Korreferent Ossi indes beschränkte sich
darauf, mich zu fragen, ob ich die Arbeit selber auf der Maschine geschrieben habe.

Wem der Herr ein Amt gibt, gibt er dem auch Verstand?
Ossi hatte meine Diplomarbeit anscheinend nicht verstanden.

Sein Name entsprang einem peinlichen Versprecher, denn eigentlich hatte er "Überschneidung" sagen wollen. Auch bei seinem Gehirn hatte EPI wohl bei der Konversion gepfuscht, denn die Vorlesungen des Überschneiders waren weniger "Wärmelehre" als vielmehr wärmeleer. Einen öden, blutarmen Quälgeist hatte EPI uns da verpaßt, der seine Studenten zwar gerne mit "junger Freund" anredete, der es aber nicht schaffte, ihre Begeisterung für sein Fach auch nur im geringsten zu "erwärmen". Bei solchen Härtefällen half den Studenten nur noch eine Methode: die Vorlesungen anhören, die Klausuren schreiben und dann möglichst schnell diesen trockenen Vogel mit seinem bleichen Antlitz wieder vergessen.

Mag sich der Begriff der Wärmelehre auch recht harmlos anhören, so verbarg sich doch dahinter die Theorie der Vergewaltigung von Gasen und Dämpfen. Diese wurden in grauslichen Kreisprozessen gemartert, mit deren Theorie wir uns wiederum herumzuquälen hatten. Seltsam waren die Namen dieser Prozesse, kryptisch war ihre Berechnung und nebelhaft und ungreifbar die Größen, die zu berechnen waren. Eine Wärmekapazität zum Beispiel ist keinesfalls ein besonders gescheiter Spezialist für Wärme, und die Entropie hat mit den Tropen ebenso wenig zu tun wie die Isentropen oder die Polytropen. Weit gefehlt also, wenn man dabei von Polynesien, Südsee und Palmen träumt.

Unter Energie mag man sich ja noch etwas vorstellen können: daß man "fit und geölt" ist, wie Moser junior sagte, aber Exergie muß dann wohl der Zustand sein, der die Studenten besonders während der Vorlesungen des Überschneiders befiel: eine grenzenlose Mattigkeit. Isochore, isobare und isotherme Prozesse wurden auf unsere gequälten Hirne losgelassen und grauenhafte Drosselungen schnürten unsere Kehlen zu. Die Gesetze von Beule und Marionette und Geil-Lustsack, nein, Boyle und Mariotte und Gay-Lussac wurden in unser Gedächtnis gehämmert, und vor lauter Normen und Konstanten, Diagrammen, Zustandsgleichungen und Zustandsänderungen bekamen auch wir bald Zustände, und alles begann sich in unseren Köpfen einem Kreisprozeß gleich zu drehen.

Das Grauen der Wärmelehre im einzelnen und erschöpfend zu beschreiben, würde den Rahmen dieses Werkes sprengen. Nur ein Beispiel sei hier stellvertretend für alle anderen Qualen erwähnt:
Der in Kraftwerken allgemein gebräuchliche Wasser-Dampf-Prozeß.

Hierbei wird jungfräulich reines, weil seiner Mineralien durch Konditionierung beraubtes Wasser in einen Kessel gesperrt und in dessen Enge unbarmherzig erhitzt. Dieser Qual sucht sich das Wasser zu entwinden, indem es sich dünn macht, also verdampft. Nun vermag es dem Kessel zu entfliehen, gelangt aber alsbald in ein Rohrsystem, in dem es überhitzt wird. Dieser extremen Hitze trachtet der Dampf dadurch zu entfleuchen, daß er sich unsichtbar macht. Heftig unter Druck gesetzt, gelingt es ihm in der Tat, durch einige enge Öffnungen, Düsen genannt, seinem Gefängnis zu entweichen, aber nur, um auf die Laufschaufeln einer Turbine geworfen zu werden, die er dann ächzend drehen muß. Dabei verrichtet er schwere Arbeit, die der Mensch dem nachgeschalteten Generator in Form elektrischer Energie wieder entnimmt. Der Dampf aber wird in der Turbine heftig herumgewirbelt, schlafft durch seine Plackerei immer mehr ab und verläßt schließlich mit letzter Kraft verzweifelt das Turbinengehäuse.
Nun aber schnappt die Falle endgültig zu, denn der Dampf gelangt auf seiner Flucht aus der Turbine in einen Kondensator, wo er hinterrücks niedergeschlagen wird und sich, seiner Sinne beraubt, unwillentlich wieder in Wasser verwandelt. Haben wir dich wieder!
Das Wasser wird dann erneut in den Kessel gepumpt, die Qual beginnt von vorn und der grausige Kreisprozeß hat sich somit geschlossen.

So hinterlistig und gemein spielen also die Wärmetechniker dem uns so freundlich gesonnenen, ja, für uns lebenswichtigen Wasser mit, um unseren Hunger nach Elektrizität zu besänftigen, und es bleibt uns eigentlich nur der tröstliche Gedanke, daß sich das gequälte Element gelegentlich an seinen Peinigern rächt, indem es im dampfförmigen Zustand einen Kessel einfach auseinandersprengt.

Solch grausiges Tun vermittelte uns also der Überschneider in grauer Theorie und in trockener, öder Manier. Selten nur gelang es ihm, seine im Untergrund schlummernde Aggressivität in eine positive Energie zur Belebung seiner Traktate zu transformieren, und so ließ er sie meist gnadenlos an der unschuldigen Kreide aus. Ein jegliches Stück, sei es auch noch so jungfräulich gewesen, zerbrach unter seinen groben Klauen zu Stummeln.

Allein seine eigenartige Sprache brachte ein wenig Leben in die Tristesse seiner Traktate, zum Beispiel beim Rechnen einer Aufgabe: "Jetzt gleich gerade als nächstes wollen wir es einmal treiben und durchschieben. Gut, nun treibe ich es weiter, das mit dem Bauch, das werde ich doch gerade noch reinbringen, äh, rein-a-ein?"
Aber dann, nach einer ganzen Weile des Grübelns: "Ich sehe schon, es gibt hier Imponderabilien! Nee, so 'ne Aufgabe will ich jetz' nich', nää!! Schöpfen Sie eine neue!"

Wenn ein Student sich nicht an die Tafel traute, weil er an seinem Wissen oder seinem Verständnis zweifelte, war er beim Überschneider deswegen schlecht angesehen. Wer aber traute sich hier schon?
Ein Student geht wirklich nur so lange zur Vorlesung, bis er bricht.

Der Turbo-Tanzbär

Gravitätisch tänzelte er in seinem wirbelnden "Gravitätsfeld" vor uns herum, als ob er "ein bißchen schwanger" wäre, und ein solches Bild bot seine vierschrötige Gestalt in der Tat. Das Wort "Turbo" entstammt dem Lateinischen und bedeutet "Wirbel" oder "Kreisel", und so erhielt der Tanzbär seinen Beinamen.

Räumte er zwar ein, ein "schwächeres Pferd" zu sein, so behauptete er doch andererseits: "Ich bin der einzige, der hier Vorlesungen hält." So las er uns denn vor über die Geheimnisse der Strömungslehre und der Dampf- und Gasturbinen, in denen er, ein wenig praxisbezogener als der Überschneider, Dämpfe und Gase so lange quälte, bis sie nicht mehr an sich halten konnten und heulend und kreischend aus den Sicherheitsventilen herauspfiffen.

War der Überschneider ein professioneller Kreidezerstörer, so war der Turbo-Tanzbär ein Kreide-Neurotiker, denn er liebte die gelbe Kreide und haßte Stummel, ein Umstand, der allenthalben zu unserer großen Erheiterung beitrug. Vor allem dann, wenn er ellenlang nach der langen, gelben Kreide kramte und nur kurze, weiße Stümmelchen vorfand, dieweil wir die gelben wie auch die langen Stücke vor seinen Vorlesungen kurzerhand beiseite geschafft hatten.

Dem Tanzbären kurze, weiße Stückchen bereitzustellen war für uns hingegen kein Problem, weil uns der Überschneider stets hinlänglich mit solchem Material versorgte.

Mächtig schien er zu sein, der Turbo-Tanzbär, denn für ihn war ein Jahr wie ein Tag: "Von den 8760 Stunden, die ein Tag hat, wenn es nicht grad' ein Schaltjahr ist ..." In Wirklichkeit war er nur zerstreut, wie man sieht, und er vergaß ständig, warum er sich einen Knoten in sein Schnupftuch gemacht hatte. Wir amüsierten uns natürlich köstlich, wenn er in der Vorlesung das Tuch aus seiner Hosentasche holte, es auf Knoten untersuchte, aber keine vorfand, es daraufhin drehte und wendete, ratlos betrachtete und sich fragte, ob er wohl vergessen hatte, einen Knoten hineinzumachen.

So verwunderte es auch nicht, daß er in einer seiner Klausuren die Aufgabe stellte, 'Schwindigkeitsdreiecke' statt Geschwindigkeitsdreiecken zu berechnen, und daß er mir mal einen Fehler anstrich, weil ich, des kleinen Didi eingedenk, einen Bruch umgedreht hatte. Daß das Ergebnis der Rechnung trotzdem richtig war, schien ihm nicht aufgefallen zu sein. Immer wieder erheiternd war es allerdings, wenn man den Tanzbären in der Vorlesungspause zu der früher erwähnten Hexenküche begleitete. Obwohl ein jeder wußte, daß dortselbst nicht nur Kaffee ausgeschenkt wurde, fragte der Tanzbär jedesmal aufs Neue: "Haben Sie Tee?"

Passend zu seinem Wesen wohnte der Turbo-Tanzbär in einer "Schlafstadt, da fehlt nur noch'n bißchen Kurkonzert". In seiner Heimstatt strich er zum Zwecke des Energiesparens alle Heizkörper schwarz an, auf daß sie der Wärmeabstrahlung des idealen schwarzen Körpers nahekämen. Als er die Hohlräume seines Gemäuers mit Styroporkügelchen auffüllte, wirbelte der Wind sie durch die Lüfte, und die Nachbarn tuschelten: "Seht mal, der Professor arbeitet wieder!"

Nun wollen wir den Bären aber auch mal tanzen lassen, und zwar turbomäßig zum "Monstrock", einem monströsen Rock 'n Roll. Dessen letzte Strophe, die sogenannte Katastrophe, ist auf der nächsten Seite als Partitur dargestellt. Mit OPA beginnend, fällt Strophe für Strophe jeweils einer der anderen ein, wieder und wiederum, bis sie alle gemeinsam in einem gewaltigen monströsen Chor erschallen.

81

Der Monstrock

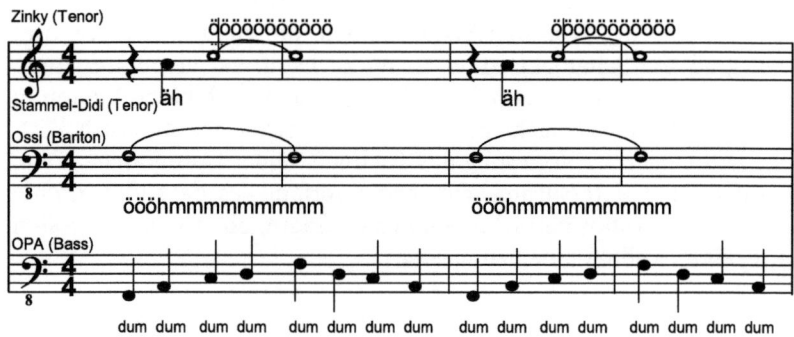

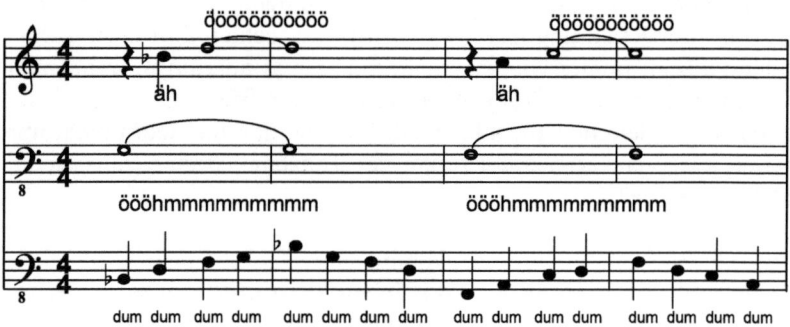

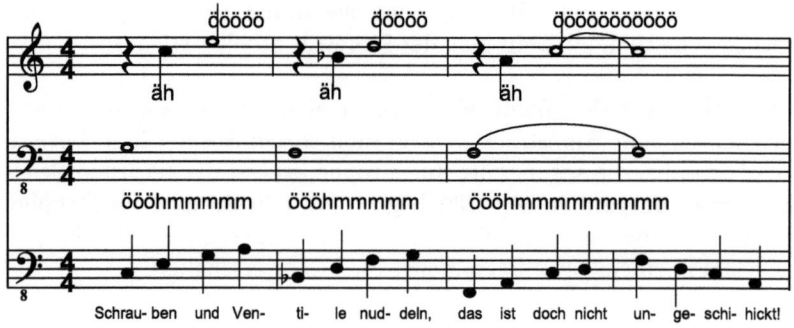

Daten, Fakten und Kennwerte - sie wurden uns während des Studiums in einer schier unendlichen Vielzahl eingebleut. Es hätte eines Nürnberger Trichters bedurft, um sie alle zu behalten. Damit nicht genug: oft mußten Zusammenhänge zwischen einzelnen Größen erst mittels komplizierter Formeln hergestellt werden. Das wäre eine äußerst verwickelte Angelegenheit gewesen, hätte es dafür nicht eine Reihe dienstbarer Geister gegeben, über die ein Wesen herrschte, das der Verarbeitung besagter Daten kundig war und den eigenartigen Namen "Sonstwie" trug.

Er vertrat die Lehre von der Programmierung elektronischer Rechenknechte, eine rechte Geheimwissenschaft also, deren Randbereiche er uns eröffnen sollte. Zum Zwecke der Übung stand der Fachhochschule ein fähiger Rechenknecht zur Verfügung, der seine Aufgaben gut alleine hätte erfüllen können. Er mußte jedoch von Amts wegen als Sklave eines noch mächtigeren Rechenknechts arbeiten, der weit entfernt residierte und mit dem er über eine sündhaft teure, weil ständig aktive Telefonleitung verbunden war. Ein sprichwörtliches bürokratisches Kabinettstückchen, doch hätten wir die Verbindung gekappt und den Sklaven alleine rechnen lassen, so hätte man uns das moderne Gerät wieder weggenommen, und uns wäre nur ein uraltes geblieben.

Das Programmieren elektronischer Rechenknechte ist allgemein eine recht kryptische Angelegenheit und Außenstehenden nicht zugänglich. Ja, bisweilen verirrt sich sogar der Programmierer selber im Labyrinth seines eigenen "Spaghetticodes" und weiß nach gewisser Zeit nicht mehr, was er weiland eigentlich gemacht hatte. Die Programmierung kann jedoch durchaus auch amüsant sein, dieweil man beispielsweise in der Programmiersprache MONSTRAN (monströse Translation) lustige Namen verwenden kann. Der folgende einfache Monstran-Code berechnet einen Cosinus mit Hilfe einer Reihenentwicklung:

```
   1 READMONSTER(5,1000)XWINK,ABBI,PI
1000 FORMATMONSTER(I1,F8.2,E12.5,E16.9)
     WRITEMONSTER(6,1001)XWINK,ABBI,PI
1001 FORMATMONSTER(' ',I1//F8.2//E12.5//E16.9//)
     XRAD=XWINK*PI/180
     YCOS=1
     N=2
```

```
      FAK=(-2.)
      BETTI=(XRAD**N)/FAK
    3 YCOS=YCOS+BETTI
      N=N+2
      MOFA=(N-1)*(-N)
      BETTI=BETTI*XRAD*XRAD/MOFA
      IF(ABS(BETTI).GT.ABBI)GO TO 3
      IGLI=(N/2)+1
      GLAS=BETTI*MOFA/XRAD/XRAD
      WRITEMONSTER(6,1002)XWINK,YCOS,IGLI,GLAS
 1002 FORMATMONSTER(' ','XWINK=',F8.2,' ','YCOS= ... ///)
      GO TO 1
      ENDMONSTER
```

Zwar nur ein kurzer Code, aber schon recht grausam, nicht wahr? Seit damals bis zum heutigen Tage mußte ich zum Glück niemals wieder mit Monstran arbeiten.

Ähnlich wie bei einem mechanischen Klavier mußten die Programmbefehle Zeile für Zeile in Lochkarten gestochen werden, eine Karte pro Zeile. Eine qualvolle Arbeit, und Fehler erlaubte man sich am besten nicht. Denn erst des Nachts wurden die Karten unserem Rechnersklaven zum Fraß vorgeworfen, und so harrte man daheim aus bis zum nächsten Morgen, voller Spannung, ob der Rechenknecht die Mahlzeit wohl akzeptiert oder als unverdaulich wieder herausgewürgt hatte.

Noch zu Anfang meines beruflichen Werdegangs wurden lange Zeit Lochkarten in gewaltiger Zahl von den menschlichen Rechenknechten gestochen, die sie dann kartonweise herumschleppten und an den gierigen Schlund des elektronischen Rechenknechtes verfütterten, der sie mit einer Geschwindigkeit verschlang, der das menschliche Auge kaum zu folgen vermochte. Oftmals schlang er jedoch zu schnell, bekam davon eine furchtbare Verknotung in seinen Innereien und verweigerte für den Rest des Tages jedwede weitere Arbeit, bis ihn die sogenannten Operateure wieder zu neuem Leben erweckt hatten.

Weit später erst erblickte eine neue Generation elektronischer Rechenknechte das Licht der Welt, die zwar immer noch des öfteren unter innerer Verstimmung litt, mit denen wir aber mittels Tasten und einer Mattscheibe zu kommunizieren vermochten. Eine Revolution, die im Laufe der Jahre die Maschine hervorbrachte, die mir das Erstellen dieses Werkes überhaupt ermöglichte, und die beileibe noch nicht abgeschlossen ist. Wie unendlich groß sind Komfort und Zuverlässig-

84

keit gegenüber früher geworden, als man Dokumente noch mit Schere, Kleber und Tipp-Ex zusammenbasteln mußte, und wie nützlich ist die Möglichkeit, auch ohne Hilfe eines Operateurs den störrischen Knecht im Falle eines Falles mittels eines Würgegriffes, des sogenannten Affengriffs, zur Wiederaufnahme seiner Arbeit zu zwingen.

Nach diesem kurzen Ausflug in die elektronische Datenverarbeitung sollten wir einmal einen Blick in die wundersame Welt der Elektrizität werfen, die die Wurzeln der Elektrotechnik und der Elektronik in sich birgt. Recht turbulent geht es in dieser Welt zu, seltsame, ja furchtbare Dinge geschehen dort und nicht nur elektrische Spannungen prägen dieses "Spannungsreich".

Porky

"Porky" ist in etwa der englische Ausdruck für ein untersetztes Kerlchen mit roten Pausbacken, und einem solchen war dieser Dozent in seinem Äußeren ähnlich. Sein Fachgebiet waren die Grundlagen (wohlgemerkt) der Elektrotechnik. Er hatte einen etwas schlichten Charakter, kein allzu großes Wissen und wenig eigene Meinung. Aber nicht nur aus diesem Grund stand die Abkürzung "E-Technik" bei uns nicht für Elektrotechnik, sondern ironisch für "Eseltechnik", weil die elektromechanischen Maschinen von uns zu ähnlichen Hilfsdiensten herangezogen wurden wie andererorts die gleichnamigen Grautiere, nämlich zum Bewegen unbequemer Lasten.

Immerhin war Porky im Laufe seines Lebens, wie er glaubte, von der Erkenntnis erleuchtet worden, daß es unmöglich wäre, den leeren Akkumulator eines Automobils mit Hilfe des vollen eines anderen wieder zu Kräften zu bringen und somit das leidende Automobil dazu zu verleiten, seinen Besitzer wieder freudig anzuspringen. Porky meinte nämlich, daß diese Prozedur am inneren Widerstand der Akkumulatoren zwangsläufig scheitern müsse.
Indes, die Praxis beweist wieder einmal das Gegenteil, denn das Prozedere ist gemeinhin erfolgreich, sofern der kranke Akkumulator nicht bereits sein Leben vollends ausgehaucht hat. Auch Hummeln fliegen nach wie vor, obwohl sie den Berechnungen der Physiker nach eigentlich an die Erde gebunden sein müßten. Grau ist alle Theorie, und weiter geht's oft ohne sie!

Interessantes wußte Porky allerdings über Blitze zu berichten, wie sie der Kirschengott des öfteren um sich schleuderte. Bis zu 400000 Ampere sollten sie stark sein, welch eine urgewaltige Kraft im Vergleich zu einer üblichen Haushaltssicherung mit ihren 16 Ampere! Kein Wunder, daß EPI danach trachtete, diese Gewalten für seine Zwecke einzusetzen, aber er war sich wohl kaum des Umstands bewußt, daß deren schiere, ungezügelte Kraft, auf ein zum Leben zu erweckendes Wesen losgelassen, bestenfalls eine verkohlte Masse erschaffen hätte, die mitsamt ihrer Unterlage, EPIs Person und eines nicht unerheblichen Teils der Fachhochschule in Feuer und Rauch vergangen wäre.

Zirka 75% aller Blitze entladen sich von Wolke zu Wolke, der Rest hingegen schlägt mit elementarer Wucht in die gepeinigte Erde ein. Leider hatte Porky die Anzahl der Einschläge auf dem Areal der Fachhochschule noch nicht erfaßt, aber in Bayern seien es angeblich 3,5 bis 5,5 pro Quadratkilometer und Jahr. Das ist die höchste Rate in der BRD, und dagegen hilft anscheinend kein Beten. Die Bayern könnten es jedoch einmal, ihrem Aberglauben nachkommend, mit einem Fetisch versuchen in Form eines waagrechten Drahtes auf dem Dach, der überlappend mit einer senkrecht in den Erdboden gesteckten Metallrute verbunden wird. Bei sorgfältiger Ausgestaltung der Verbindung sollte eigentlich ein Erfolg beschieden sein.

Eigentlich bedeutet nun allerdings nicht, daß es in jedem Fall so sein muß, denn wie bei einer jeden Gattung, so gibt es auch bei den Blitzen solche Exemplare, welche schlichtweg faul und andere, welche sehr listenreich sind. Erstere suchen stets den kürzesten Weg zur nächsten Wolke oder zur Erde, notfalls auch über eine Drachenschnur oder über den besagten Fetisch. Die anderen aber fallen darauf nicht herein. Voller Arglist verharren sie in luftiger Höhe und halten nach einem geeigneten Objekt für ihre Zerstörungswut Ausschau. Haben sie ein solches entdeckt, so ändern sie ihren bisherigen Weg und fahren erbarmungslos auf ihr Opfer nieder, meist mit fatalen Folgen. Mir ist ein Fall bekannt, in dem ein Blitz das Regenfallrohr, diesen bequemen Weg zur Erde, verließ und einen in der Nähe stehenden Menschen tödlich heimsuchte!

Sengend, brennend und mordend toben sich die entfesselten Gewalten an den Opfern ihrer Begierde aus, und keine menschliche Macht oder List kann sie davon abhalten. Vor Eichen sollst du weichen, Buchen sollst du suchen - das ist nur Kinderkram, kein halbwegs gewitzter Blitz fällt auf so etwas herein!

Sollte einmal ein Blitz aus Unachtsamkeit oder übergroßer Wollust, sich zu entladen, in eine Eiche hineingefahren sein, so sucht er hinter des Baumes Rinde nach dem Holzwurm mit seinem Kinde und brät sie beide bei lebendigem Leibe.

Findet er solcherlei Opfer nicht, so setzt er wütend den Baum in Brand. Andernfalls späht er durch das Bohrloch des Holzwurms nach einer benachbarten Buche, unter der der Regel nach ein menschliches Wesen Schutz sucht. Ist das der Fall, so fährt der Blitz zur Buche herüber und vergeht sich an dem wehrlosen Menschen. Ist jedoch kein Menschenopfer in seiner Reichweite, so verläßt der Blitz die Eiche erst gar nicht, sondern spaltet sie in schierer Boshaftigkeit auseinander.

Automobile gelten als vor Blitzen sicher, auch ohne daß von ihnen als Fetisch eine metallisierte, auf dem Boden schleifende Gummischnur herabhängt, da sie faradaysche Käfige sein sollen. Wer aber möchte schon gerne in einem Käfig gefangen sein? Der Blitz jedenfalls nicht, dort will er nicht hinein, und mit einer Mischung aus Erstaunen und Anwiderung betrachtet er die Menschen, die anscheinend freiwillig in der Enge des seltsamen metallischen Behältnisses ausharren und offenbar keinerlei Anstalten treffen, um ihrem Gefängnis zu entfliehen.

Dieser Umstand scheint den Blitz rechtschaffen zu verwirren, denn ziellos irrt er auf der blechernen Außenhaut einher und findet seinen Weg ins Innere des Gefährts, zu dessen Treibstofftank, gottlob nicht. So bleibt ihm nur, die Insassen heftig zu erschrecken, indem er seine mechanische Gewalt an dem käfigartigen Gebilde ausläßt und krachend einige kohlkopfgroße Beulen in dessen Oberfläche schlägt.

Solch kräftige, fiese, gewalttätige und skrupellose Hilfsknechte wären dem EPI natürlich sympathisch gewesen. Aber ob ihrer Zerstörungskraft wird wohl einem jeden einleuchten, daß EPI mit den vergleichsweise schwächlichen Blitzen des Hochspannungslabors bei seinem Tun wohl besser bedient war.

Allerdings muß eingeräumt werden, daß es durchaus in der Macht des Kirschengottes gelegen hätte, EPIs Treiben mit der Überlassung nur eines einzigen mächtigen Blitzes ein für alle Mal ein Ende zu setzen. Aber der Schulgott interessierte sich nicht besonders für weltliche Dinge, sofern sie nicht seine eigenen Umtriebe unmittelbar tangierten, und so konnte denn geschehen, was geschehen ist.

Lissy, das Krümelmonster

Auch wenn er diesen Beinamen trug, war Lissy beileibe nicht so drollig und sympathisch wie sein Kollege aus der Sesamstraße. Formal war er Porkys Assistent, doch im Labor bekam man eher einen gegenteiligen Eindruck. Bei den Laborübungen trat Porky nämlich sehr demütig auf, Lissy hingegen ungemein forsch. Auch im Labor für elektrotechnische Grundlagen schien also nicht der Professor der wahre Herrscher zu sein, sondern sein Assistent.

Lissys Beiname rührte von seiner extremen Leidenschaft für jene trokkenen Kuchen her, die morgens in der bereits erwähnten Hexenküche ausgegeben wurden. Während der Übungen stopfte er ständig streuselige und bröselige Stücke in sich hinein und hinterließ die Fährte seiner Lust in Form von Krümeln im gesamten Labor, unsere Aufzeichnungen eingeschlossen. Wenn wir diese dann nach den Versuchen zusammenpackten, drängte sich uns unwillkürlich die Frage auf, ob zwischen dem Preis der teuren Versuchsformulare, die wir bei Lissy erwerben mußten, und dem jeweils gültigen Kuchenpreis nicht ein Zusammenhang bestand.

Dietlinde

Dietlinde, wie wir ihn nannten, hatte bei einem mißlungenen Versuch einige Haare lassen müssen. Sein Gebiet war die fortgeschrittene Eseltechnik, so sagte man uns. Indes, immer, wenn ich ihm eine spezielle Frage zu diesem meinem Leib- und Magenfach stellte, erbat er sich, sie außerhalb der Vorlesung beantworten zu dürfen, unter dem Vorwand, die Frage sei nicht von allgemeinem Interesse.

So entstand bei uns bisweilen der Eindruck, daß Dietlinde eine "blinde Q" war, wobei das Q in der Lehre der Elektrotechnik für die Blindleistung steht, jene Leistung also, die ein entsprechend konstruierter elektrischer Verbraucher am üblichen Stromzähler vorbeizuschmuggeln vermag. Diese Blindleistung veranlaßte Dietlinde zu der Behauptung, ein asynchron laufender Drehstrommotor würde im Leerlauf keinen Strom verzehren. Diese Ansicht hätte beinahe zu seinem Tod geführt, wie wir noch sehen werden.

Spricht man gemeinhin von "Elektrotechnik", so pflegte Dietlinde stets "Elektrotechnik" zu sagen. Damit und mit seiner seltsamen Theorie befand er sich in krassem Gegensatz zu den anderen E-Technikern, zu denen er darob "ein gespanntes Verhältnis" hatte. Ein solches hatte er manchmal aber auch zu mir, weniger wegen meiner unbequemen Fragen, als vielmehr wegen seiner ewigen Deutschtümelei. Einem Zug der Zeit folgend, pflegte ich nämlich Gleich- und Wechselspannung nicht mit GS und WS, sondern gerne mit den internationalen Abkürzungen DC und AC zu bezeichnen. Dies war ihm arg zuwider, und einen meiner Laborberichte zierte sein in rot geschriebener Kommentar: "In Deutschland bitte GS!"

GS? Seltsam, ich dachte immer, das sei ein Prüfsiegel für 'Geprüfte Sicherheit', wie es uns von mannigfaltigen, auch elektrotechnischen Produkten entgegenleuchtet.

In seinen Vorlesungen präsentierte sich Dietlinde stets sehr agil und begeisterte uns durch seine unheimliche Gestik. Einmal sagte er: "... dann können Sie in die Schaltung hineinfassen!" Dabei betonte er das "ein" über alle Maße und streckte seine Arme und Hände derart vehement aus, daß wir alle schon vor unserem geistigen Auge eine heftige elektrische Entladung in sie hineinfahren sahen. Besonders gern aber führte er uns in sein Labor und zeigte uns dort mit kindlicher Freude das Bürstenfeuer, jene geisterhaften Funken also, die an den Kohlebürsten eines Elektromotors besonders bei seiner Belastung entstehen.

Wie mag dieses gespenstische Feuer wohl zustande kommen? Zur Beantwortung dieser Frage müssen wir ganz kurz auf die Herstellung des elektrischen Stroms und die damit verbundenen Qualen eingehen, und auf die Gefahren, die er dadurch in sich birgt.

Wie bereits beschrieben, wird durch die Arbeit des Dampfes eine Turbine gedreht, die ihrerseits den Läufer eines mit ihr verbundenen Generators in Drehung versetzt. In den kupfernen Spulen des Generatorständers nun schlummern friedlich und sanft, wie in einer Wiege geborgen, elektrische Ladungen aneinander gekuschelt so vor sich hin. Abrupt werden sie aber durch die Drehung des Generatorläufers geweckt, durch sein elektromagnetisches Feld heftig durcheinandergewirbelt, auf der Flucht vor dieser Qual voneinander getrennt und brutal durch dünne Drähte getrieben, um hernach in Lampen, Herdplatten, Kaffeemaschinen oder ähnlichen Heizgeräten zu verglühen und ihr Leben auszuhauchen.

In solchen Verbrauchern können sie nichts bewegen, aber wenn man die Ladungen auf einen Elektromotor losläßt, wirbeln sie ihn ihrerseits aus Rache für die Behandlung im Generator heftig durcheinander, und er dreht sich dann wimmernd in seiner Pein, aber wiederum zum Nutzen des Menschen. Das allerdings empörte die Ladungen sehr, und wenn es ein geeigneter Motor ist, z.B. der eines Föns, dann toben sich die wütenden Ladungen im besagten Bürstenfeuer aus. Aber auch hier hat der Mensch sie überlistet, indem er ganz einfach bürstenlose Motoren erfand.

Das allerdings trieb die Ladungen nun in ihrer Wut geradezu zur Weißglut. Es nützte ihnen aber nichts, denn der Mensch machte sich auch diese alsbald zunutze, indem er sie zum elektrischen Schweißen einsetzte. Im gleißenden Lichtbogen der Schweißgeräte stürzten sich die Ladungen in ihrem Freiheitsdrang gleich reißenden Bestien auf das unschuldige Metall und schmolzen es wollüstig auf, bevor sie begriffen, daß auch das im Sinne des Menschen war. Zu spät, schon war die Schweißverbindung fertig, und wieder einmal waren die Ladungen überlistet worden.

Infolgedessen trachten nun die Ladungen in ihrem verständlichen Zorn danach, sich am Menschen für die erlittene Schmach zu rächen, wenn es irgend geht, weshalb man ihnen besser nicht zu nahe kommt. Faßt man in eine Steckdose, so beißen die Ladungen zumindest schmerzhaft, unter Umständen aber auch tödlich zu. Das aber mit Sicherheit, wenn man in der Badewanne einen Fön fallen läßt, denn dann können sie den nassen Körper großflächig und vielzahlig angreifen. So stirbt es sich allerdings immer noch angenehmer (falls das überhaupt angenehm ist) als auf einem elektrischen Stuhl mit seinen kleinen Kontaktflächen.

Um jegliches Risiko auszuschalten, sollte man bei Reisen in Länder, in denen der elektrische Stuhl angewendet wird, sicherheitshalber immer einen Fön im Gepäck führen.
Demgegenüber sollte man sich unter normalen Umständen niemals in der Badewanne oder im dampfgeschwängerten Badezimmer die Haare elektrisch trocknen. Denken Sie daran: die Ladungen sind allgegenwärtig, und sie warten nur darauf, daß Sie einen Fehler machen!

Aron assistierte Dietlinde und einem weiteren E(sel)-Techniker, dem Ritter von der Burg am Holze, im Labor für elektrische Maschinen. Seinen Namen hatte Aron von seinen dunklen krausen Haaren, die ihm ein orientalisches Aussehen verliehen. Ein guter Name allerdings, denn mit ihm wurde eine elektrische Schaltung benannt. Arons absolutes Leibgericht war die Linsensuppe, allerdings aus echten Linsen zubereitet und nicht aus solchen von Gummi, wie sie der Stammel-Didi bevorzugte.

Aron und Dietlinde hatten einmal eine Wette abgeschlossen über die Frage: "Zieht ein Drehstrom-Asynchronmotor (DAS-Motor) nun im Leerlauf Strom oder nicht?"
Laut Dietlinde tat er das ja nicht, und so überließ er, seiner Sache sicher, Aron großzügig den Versuchsaufbau.
Vereinbarungsgemäß sollte die Versuchsdurchführung dem Ritter von der Burg am Holze obliegen, Proband sollte Dietlinde selber sein.

Dietlinde wurde also gemäß Arons Versuchsanordnung mittels Hals- und Fußschellen mit einem unbelasteten Drehstrom-Asynchron-Motor in Reihe geschaltet und zur Vermeidung von Leckströmen sorgsam gegen seine faßförmige Unterlage isoliert.
Zur Steigerung des Nervenkitzels wurde Dietlinde nämlich rittlings auf einen unbelasteten Gleichstrom-Reihenschlußmotor gesetzt und seine Füße unter diesem zusammengekettet. Das war eine einseitige Vereinbarung von Aron, eine besonders hinterlistige und gemeine Idee allerdings, weil Dietlinde so in jedem Fall die Wette mit Leib und Leben bezahlt hätte: Entweder hätte der Stromfluß ihn umgebracht oder spätestens der ohne Belastung durchgehende Reihenschlußmotor, wenn er sich in seine Einzelteile zerlegt hätte.

Während der von der Burg am Holze den GS-Reihenschlußmotor einschaltete und den DAS-Motor behutsam über die Anlaßwiderstände hochfuhr, setzte sich Aron an einen der Labortische, labte sich genüßlich an einem Teller Linsensuppe und harrte des zu erwartenden grausamen Schauspiels. Dietlinde stand Aron aber in Sachen Hinterlist nicht viel nach und hatte eine Induktivität unter seiner Jacke verborgen gemäß dem Merksatz: "An Induktivitäten Ströme sich verspäten." Diese Spule sollte, ihm parallelgeschaltet, das Schlimmste verhüten, da auch der Strom gern den Weg des geringsten Widerstandes geht. "Jetzt, Strom, darfst du fließen!" dachte Dietlinde bei sich, aber da war ja noch der Gleichstrommotor, der sich schneller und schneller drehte und eine lodernde Garbe von Bürstenfeuerfunken quer durch das Labor schleuderte.

Das Jaulen des durchgehenden Gleichstrommotors hallte durch die Gänge des Labortrakts und schreckte Porky in seiner Kammer auf. Der eilte dem Lärm nach zum Ort des Geschehens, sah das Bürstenfeuer und den Delinquenten, ahnte, was sich dort abspielte und riß geistesgegenwärtig die Sicherungen aus dem Schaltschrank heraus.
Finsternis breitete sich daraufhin aus, und das helle, durchdringende Geheul des Motors wurde tiefer und tiefer und schwoll langsam ab.

Nun aber mußte sich Porky selber schnell vor Aron und dem Ritter in Sicherheit bringen, die wütend versuchten, seiner habhaft zu werden. Klirrend zerschellte ein Teller voller Linsensuppe am Rahmen der Labortür und überschüttete Porky mit der heißen braunen Pampe, bevor es ihm gelang, die hohe, dicke, schwere blaue Tür hinter sich zuzuschlagen und in den dunklen Tiefen des Labyrinths der Gänge unterzutauchen. Aron gelang es nicht, dem plumpen Porky zu folgen, denn er trat in seiner Hast voll in die selbst geschaffene Suppenpfütze, rutschte aus und schlug der Länge nach schmerzhaft hin, wodurch er den ihm unbeholfen nacheilenden Ritter mitsamt seiner Rüstung scheppernd gleich mit über den Haufen riß.

Währenddessen gelang es Dietlinde, sich seiner Fesseln und seiner Verdrahtung zu entledigen und, mit einem Feuerlöscher bewaffnet, die Flucht zu ergreifen. Hätte der gutmütige Porky ihm allerdings nicht geholfen, so wäre es um Dietlinde geschehen gewesen. So aber entkam er lebend, wenn auch leicht angeröstet und seiner Haare beraubt, dem Versuch und wollte ihn verständlicherweise auch nicht wiederholen. Die Wette hatte er natürlich verloren, und er mußte Aron später eigenhändig einen schönen großen Eimer Linsensuppe mit reichlich Fleischeinlage kochen, rechts herum gerührt und dann abgeschmeckt, versteht sich.

Elvis

Wenn man diesem Professor begegnete, glaubte man, der Sänger Elvis Preßluft stünde leibhaftig vor einem. Diese Haartolle, die locker auf seiner Stirn tanzte, das Gesicht, wenn auch etwas hagerer und durch sein Alter gereift - die Ähnlichkeit war verblüffend. So nannten wir ihn Elvis, mit dem Beinamen DMS.

DMS steht für "Desodorierende medizinische Seife", denn diese verwendete er in seinem Labor, auf daß seinen empfindlichen Gerätschaften kein Schaden entstehe. Auch seine Studenten mußten sich zu Beginn der Laborübungen einer Waschprozedur unterziehen, ja, einige Geräte durften wir gar nur mit Handschuhen berühren, so empfindlich waren sie. Wir vermochten ja trotz der Stille im Labor nichts zu vernehmen, aber für Elvis' Ohren sangen die Geräte bestimmt:
"Touch me tender, love me sweet ..."
Dann sah er sie liebevoll an und sang zu ihnen in Gedanken:
"You are my only ones, you are my only ones ..."

Welche Geräte konnten nur so sensibel sein, daß seine panische Angst vor Handschweiß und roher Behandlung gerechtfertigt war? Meßgeräte natürlich. Elvis unterrichtete also Meßtechnik, von ihm gern "Mesztechnik" geschrieben, von uns aber gern "Misttechnik" genannt gemäß Tippys Regel "Wer mißt, mißt Mist!"

Die DMS wirkte zwar ohne Zweifel gegen Handschweiß und Fußgeruch, nur gegen seinen grausigen Mundgeruch hätte *der* DMS wirklich einmal Monstrodent nehmen sollen! So war es nicht opportun, sich ihm ohne Atemschutz auf die "arabische Distanz", also unter einen halben Meter, zu nähern, aber das tun wir Europäer ja ohnehin nicht gern. Leider konnte man dem Atembrodem des Elvis nicht immer entgehen, wenn er im Labor etwas erklärte.

Elvis war also sehr reinlich und penibel, und entsprechend peinigend waren seine Laborübungen und vor allem die Laborberichte, die wir hernach erstellen mußten. Sie mußten mit präzisen Zeichnungen gespickt sein, die man aus Lehrbüchern oder Geräteunterlagen abzeichnen mußte, obwohl sie doch dort schon vorhanden waren. Es waren komplizierte Geräte dabei wie ein Meßmikroskop, ein Autokollimator mit Feinmeßokular und eine Evolventen-Prüfmaschine, mit der Elvis

OPAs Heckenschnitte auf ihre Exaktheit hin kontrollierte. Alle unsere Ergüsse wurden von Elvis und seinem Assistenten genauestens korrigiert und testet. Ich bitte um Verständnis dafür, daß ich alle diese Quälereien hier nicht noch einmal bildlich darstellen möchte.

Elvis' Vorlesungen allerdings waren so ausgezeichnet, daß sich die anderer Dozenten an ihnen messen lassen mußten. Man konnte seinen Vorlesungen mit gutem Gewissen die Prädikate "besonders wertvoll" und "maßstabsetzend" bescheinigen. Elvis war absolut kompetent, machte klare und eindeutige Aussagen und ließ keine Fragen offen. Trotz seiner Trockenheit, seiner Akribie und seines Ernstes bei der Sache konnte er seinen Stoff lebendig vortragen und vermochte großes Interesse zu wecken. Fast wie selbstverständlich mutete es an, daß er im Gegensatz zu manchen seiner Kollegen stets souverän agierte, nie in Hektik verfiel und auch ein pieksauberes Tafelbild präsentierte.

Anders gesagt: Seine Vorlesungen waren vorbildlich, und darin steckt das Wort "Bild". Bilder waren seine Leidenschaft, nicht nur in den Laborberichten, denn er pflegte Lehrbücher stets danach zu beurteilen, wie viele Bilder in ihnen enthalten waren. "Ein Bild sagt mehr als tausend Worte!" pflegte er zu sagen. In der Tat, er hatte Recht, und ich wünschte, so schnell zeichnen zu können, wie ich schreiben kann. Das kann ich allerdings auch nicht besonders schnell, und so bleibt die Zahl der Abbildungen in diesem Werk auch von dort her begrenzt.

Fast alle Dozenten lehnten zu meiner Zeit die Verwendung programmierbarer Rechenknechte in ihren Klausuren ab, aber warum eigentlich? Wer ein Problem programmiert hatte, mußte es auch vorher durchdacht und vor allem verstanden haben, sonst hätte er es nicht programmieren können. Selbst die Konvertierung eines Programms auf einen anderen Rechner setzte ein Verständnis des Problems oder zumindest des Programms voraus. Und selbst, wenn man ein Programm wirklich nur abgeschrieben hatte, warum sollte man eigentlich den Programmierern gegenüber im Nachteil sein, die ihre Kenntnisse heimlich benutzten, und seine Klausurnote, wie weiland bei Moser, durch fehlerträchtige Handrechnungen aufs Spiel setzen?

Die Antwort ist in diesem Fall einfach: weil EPIs Monster diese Zusammenhänge nicht durchschauten und vor allem, weil sie selber nicht programmieren konnten. Das hatte EPI ihnen nämlich nicht beibringen können, weil er selber dessen unkundig war.

Mittlerweile ist auch die Werkstoffprüfung ohne elektronische Rechenknechte nicht mehr denkbar, aber damals fuhr der Zug der Zeit an EPI und seinen Vasallen vorbei.

Elvis war aber keines von EPIs Wesen, sondern er wurde aus einem anderen Fachbereich zu uns abgestellt. Er war der einzige Dozent, der programmierte elektronische Rechenknechte in der Klausur nicht nur ausdrücklich befürwortete, sondern ihre Anwendung sogar lobte. "Gut!" lautete sein Kommentar an den entsprechenden Stellen. Folgerichtig stand am Kopf seiner Klausuren auch stets:
"Alle Hilfsmittel außer dem Nachbarn!"

Abschließend sei noch erwähnt, daß Elvis ein Wesen namens Beil als Assistent zur Seite stand. Irgendwie paßten sie doch immer gut zusammen, die Herren und die Knechte, denn auch Beil war ruhig und sachlich, nüchtern und trocken, reinlich und penibel beim Peinigen der Studenten im Labor.

Elvis zum Gedenken möchte ich nachfolgend eines der Lieder zitieren, die die Monster abends im Park singen: den "Monster-Boogie".
Auch dazu rockt natürlich wieder der Turbo-Tanzbär.

Der Monster-Boogie

Hobby, der Papiertiger

Von seinem Äußeren und von seinem Gehabe her ähnelte er mehr
oder weniger einem gewissen Ingenieur Dorfmann aus "Der Flug des
Phönix", auch wenn er diesem vom Wuchs her überlegen war.
Seine große Leidenschaft war das Papier: "Nehmen Sie Papier! Datum,
Überschrift! Schreiben Sie auf ... Nehmen Sie das mit auf den Lokus
und lesen Sie das! Dann spritzen Sie es in den Gully, für die Umwelt."
So sprach er zu uns, und "Zeichnen Sie Details, nehmen Sie Butter-
brotpapier!", denn auch Details, auf solcherlei Papier niedergebracht,
lagen ihm sehr am Herzen.

An der Wandtafel war er allerdings ein Geistermaler. Er feuchtete
nämlich des öfteren die Kreide vor dem Schreiben an, so daß das Geschriebene erst nach und nach geisterhaft aus dem Nichts erschien,
wenn die Kreide an der Tafel wieder trocknete. Oder aber er schrieb
arabisch, was allerdings keiner von uns zu lesen vermochte.
Andererseits kannte er sich erfreulicherweise mit Fachenglisch aus.

Seine Lehrgebiete waren die Konstruktion, der Stahlbau und die
~~Schwitztechnik~~ Schweißtechnik. Auf diesen Gebieten war er nicht nur
kompetent, sondern brachte gar fundamentale wissenschaftliche Bei-
träge und Erkenntnisse hervor. Das Grundwerkzeug des Ingenieurs,
zum Beispiel, sei die "Brohmologie", das bedeutete:
    "Bruchrechnen, ohmsches Gesetz und logisches Denken".
Seine Klausuren forderten allerdings oft von uns die Dividaddilogie
(Dividieren, addieren, logisch denken).
Epochal war aber seine Definition "Valenzen: das sind die Haken, die
in ein Atom eingeschraubt sind", also die Verbindungsstellen des
Atoms für alchemistische Reaktionen.

Die Atome, insbesondere deren Fission (Spaltung) hatten es ihm anscheinend angetan. Unvermittelt kam er einmal auf die Bombe zu
sprechen und fragte: "Wer ist hier der Bombenspezialist?" Der Spezialist für außergewöhnliche Fragen war es mal wieder, und so konstru-
ierten wir während der Vorlesung nebenher mal eben Atombomben,
was ja nicht weiter schwierig ist. Der Entwurf dauerte nur etwa 30
Minuten, und ein jeder, der der Oberstufen-Physik gut mächtig ist,
kann ihn exakt berechnen, zum Schrecken der CIA und des BKA.

Die können es anscheinend nicht, aber wen wundert das schon? Waffenfähiges Uran ist übrigens preiswert bei der Mafia erhältlich.

Die Theorie des Bombenbastelns ist auf der folgenden Seite kurz skizziert. Besänftigt man die explosive Kernspaltung allerdings durch Moderatoren, so läßt sie sich friedlich zur Energiegewinnung in den Reaktoren von Kraftwerken einsetzen.

Hobbys Lieblingssprüche waren: "Das ist klar", meistens mit dem verstärkenden Epitheton "ganz" oder "vollkommen" versehen, und "Das ist Krampf!" Dem entsprechend schrieb er auch ein Buch mit dem Titel "Mein Krampf", in dem er außer dem "Grundgesetz des Ingenieurs" unter anderem auch die folgenden Thesen postulierte:

"Weshalb gehen die Leute in die Kirche? Weil sie so ein diffuses, wohliges Gefühl kriegen, wenn die Orgel klingt, das gibt dann so 'nen richtigen Seelenbrei.
Das ist doch Krampf, ist das. Da sollte man doch besser die Kirchen besetzen und einen Lokus in die Sakristei bauen. Das Kölner Münster zum Beispiel, was glauben Sie, was da für eine große Kommune reingeht? Die können sich dann alle gegenseitig behüpfen. Darum wollen wir sie verachten. Na ja, 30 Jahre - dann sind die alle tot."

Man sieht, er beliebte zu räsonieren, zu lästern und zu provozieren: "Kerntechnische Zentralen im Entsorgungspark, das klingt so schön, da möchte man sich sofort ein Grundstück kaufen."
Böse Zungen behaupteten, er rekrutiere seine Weisheiten aus Gazetten. Er aber sagte einmal: "Heute morgen las ich die Zeitung: Es kam mir vor, als läse ich meine eigenen Reden!" Vielleicht wäre er besser ein Schreiberling oder gar ein Politiker geworden.

Irgendwie war ich trotz seiner schrägen Sprüche von ihm angetan, weil er so vielseitig war und so lebendig dozierte - "Das wird knallhart beim Schweißen. Ranschlagen, Bing! Und fliegt in die Ecke. Das ist der Tod der Schweißmöglichkeit!" - und nicht nur mit dem Strom schwamm, mit den Werwölfen heulte, mit den Vampiren saugte und mit den Lemmingen ertrank. Nicht zuletzt deshalb beschloß ich, meine Diplomarbeit bei ihm zu machen, aber auch deshalb, weil er ein interessantes und vielseitiges Thema anbot. Ich ahnte ja noch nicht, was für eine Nervensache sich daraus entwickeln würde.

Alle Weisheit über die atomaren Bomben auf nur einer Seite !

Primitive Version einer Spaltbombe:

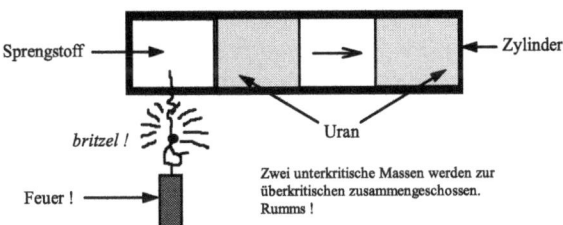

Sprengstoff → ← Zylinder

britzel !

Uran

Feuer ! →

Zwei unterkritische Massen werden zur
überkritischen zusammengeschossen.
Rumms !

Verbesserte Version einer Spaltbombe,

nachdem sich ein amerikanischer Student bei den Herstellern
danach erkundigt hatte, welche ihrer Sprengstoffe für diese
konzentrische Konstellation besonders geeignet seien.

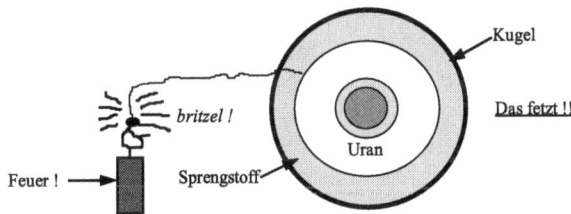

Kugel

britzel !

Das fetzt !!

Uran

Feuer ! → Sprengstoff

Nächster Schritt: das PLUTONIUM !

Nicht nur, daß es vehement strahlt, es ist auch hochgiftig. Nicht umsonst ist Pluto der Herr der Hölle !!!

Herstellung bei einem konventionellen Druckwasserreaktor deutschnationalen Typs: die Brennelemente
nicht nur jährlich, sondern dreimonatig wechseln und das Pu dann extrahieren. So leicht ist das!

Uran und ein Neutron ergeben nämlich durch Betazerfall über Neptunium letztlich Plutonium:
$U\,238 + 1\,n \rightarrow Np\,239 \searrow Pu\,239$ Zum Beispiel für <u>Atomgranaten</u> ideal.
               β

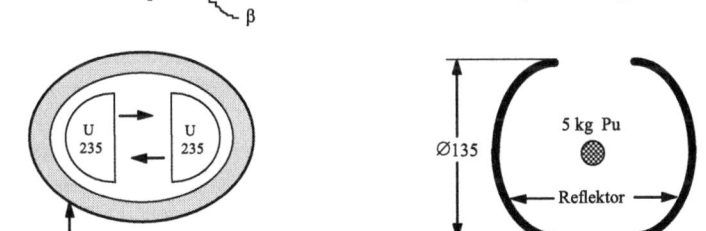

U 235 → ← U 235

Ø135

5 kg Pu

Reflektor

Brutmantel U 238

Jetzt noch die Neutronenbombe: Deuterium, Lithium, Tritium: $D + Li + n \rightarrow T + $ viele n

und die Wasserstoffbombe natürlich: Fusion, wie in der Sonne: $D + T \rightarrow He + n$. Fetzt fürchterlichst!

Meine Diplomandenzeit bei Hobby war einerseits gekennzeichnet durch seine stete Hilfe und Solidarität, andererseits aber durch ein ziemliches Chaos. Die Lebensdauer einer gefräßigen Förderschnecke hatte ich zu untersuchen, die grausam zerstückelte Rübenschnitzel bald hierhin, bald dorthin verschleppte, bis sie sich plötzlich selber in Einzelteile zerlegen würde, so wie schon andere vor ihr.

Dutzende unschuldiger Materialproben hatte ich bereits unter Snurps Obhut bis zu ihrer Zerstörung hin erbarmungslos gemartert, mich nur für Meßwerte interessierend, aber ohne auch nur im entferntesten eine Berechnungsmethode zu ihrer Auswertung entwickelt zu haben. Fast kam ich mir vor, als träte ich in EPIs Fußstapfen.

Wieviel JePi mußte ich der Betriebswerkstatt spenden, um ihren Groll auf mich zu dämpfen, saß ich doch stets nach ihrem Feierabend verbotenerweise noch im Keller bei der Bügelsäge. Aber Studenten haben eben keine geregelte Arbeitszeit. Während sich die scharfen Zähne quälend langsam, aber stetig und gnadenlos durch das Material fraßen, hockte ich auf einem harten Schemel neben der Säge, drückte ab und zu auf den Bügel in der Absicht, die Prozedur zu beschleunigen und den zähen Edelstahl, EPIs auserkorenen Liebling, zu zerteilen, ihn in Stücke zu zerreißen, auf daß diese meinen Zwecken dienlich seien: ihrer Zerstörung durch werkstoffkundliche Marter!

Meistens jedoch saß ich auf dem Schemel und wälzte den Gedanken: "Ich weiß, daß ich nichts weiß!" Die Diplomarbeit eines Vorgängers hielt ich dabei in meinen Händen. Er hatte eine ähnlich gefräßige Schnecke nach ihrem Tod seziert und rechnerisch analysiert. Damit hatte er zwar eine anerkennenswerte Pionierleistung vollbracht, doch die von ihm berechnete Lebensdauer war fern von der tatsächlichen der Schnecke. Je mehr ich darüber grübelte, desto unrealistischer, ja sogar an den Haaren herbeigezogen erschien mir seine Berechnungsmethode. Nur hatte ich im Moment auch keine bessere!

So grübelte ich weiter und quälte mein Hirn und die Proben. Die Zeit wurde knapp, die Berechnungen mußten zur Erhärtung der Versuche durchgeführt und die Diplomarbeit geschrieben werden. Unter diesem Druck reifte eine Idee in mir heran, eine ganz einfache eigentlich, wie so oft bei der Lösung komplizierter Probleme. Nur, trotz allen Wissens, das ich über gefräßige Förderschnecken zusammengerafft hatte, fehlte mir immer noch ein entscheidendes Detail für meine Berechnungen: der Normaleneingriffswinkel.

Der Normaleneingriffswinkel, das unbekannte Wesen, der Alptraum per se? Es erscheint unglaublich, aber weder die Literatur noch ein Professor, weder Hobby, mein Referent, noch der getriebekundige OPA konnten ihn definieren noch seine Berechnung beschreiben.
Sogar das Buch der Maschinenelemente erwähnte nur seine Existenz, beschrieb aber keinerlei Definition!
Ein unberechenbares Monstrum also? Ich brauchte diesen Winkel aber, denn sonst wäre das gesamte Gebäude meiner Berechnungsmethode gnadenlos und vernichtend über mir zusammengebrochen.

Also trieb mich die Verzweiflung dazu, diesen Winkel aus den bekannten Zusammenhängen heraus selber zu definieren, mit einem frommen Gebet an den Kirschengott, daß der Sinus des Winkels im Fall einer falschen Definition meine Berechnungen nicht allzu sehr beeinflussen möge, und wenn doch, daß es dann niemand merke.

Ein Wunder geschah: Nicht nur bestätigten meine Berechnungen die Versuche, nein, sie ermittelten sogar die tatsächliche Lebensdauer der Schnecke meines Vorgängers absolut exakt. So löste sich das anfängliche Chaos zur grenzenlosen Erleichterung des Studenten am Ende doch gottlob in Wohlgefallen auf.

Charly

Charly war ein absolut untypischer Bayer, weil er nicht nur dem Hauptnahrungsmittel dieses Volkes, dem Bier und anderen Alkoholika, streng abhold war, sondern sich sogar in einer allgemein verständlichen Sprache ausdrücken konnte. Auch sonst war Charly ein Asket und vielleicht deshalb von recht kleinem Wuchs, aber von einer Dynamik und Drahtigkeit, auf die EPI stets neidisch war.

Als Assistent war Charly ein Tausendsassa, denn er assistierte nicht nur Hobby, sondern auch anderen Dozenten, wie wir noch sehen werden. Für Hobby schweißte er unter anderem die Laborversuche, autogen oder nach dem WIG-Verfahren. Mit der furchtbaren Hitze einer Flamme oder eines Lichtbogens wurde dabei das kalte Metall unbarmherzig zum Glühen und Schmelzen gebracht und dann ein kalter Draht in die heiße Wunde bis tief hinab zu ihrer Wurzel gestoßen.
Nachdem das ganze abgekühlt war, durften wir Studenten dann die Wurzel untersuchen und uns über die Qualität der Schweißverbindung in Abhängigkeit von den verwendeten Einstellungen auslassen - in einem ausführlichen Laborbericht natürlich.

Charly wollte gerne auf vielen Fachgebieten kompetent sein. Er war ein Hansdampf in allen Gassen, ein richtig nerviger kleiner Epibus bisweilen. Allerdings war er auch wirklich in vieler Hinsicht talentiert, theoretisch wie auch praktisch, und ich habe einiges bei ihm gelernt. Nur mit einer meiner Berechnungen kam er nicht zurecht.
Mit einer Berechnung? Dann mußte er ja meine Diplomarbeit gelesen haben, ohne daß ich davon wußte! Da drängte sich natürlich die Frage auf, ob Charly auch auf die Benotung der Arbeit Einfluß gehabt hatte. Die unscheinbare Zahl hinter dem Komma in meiner Zensur, ob die wohl von Charly war?

Also, liebe Studenten, stellt Euch nicht nur gut mit Euren Dozenten, sondern auch mit deren Assistenten! Man weiß ja nie, welchen Einfluß die bei ihren Bossen haben und welche Arbeiten sie denen abnehmen. Und beachtet immer Hobbys nachfolgend aufgeführtes "Grundgesetz des Ingenieurs"!

DAS GRUNDGESETZ DES INGENIEURS

Voraussetzung: Nehmen Sie Papier! Datum, Überschrift!

Präambel: Das ist so.

§1: Das ist klar.

§2: Das ist ganz klar!

§3: Das ist vollkommen klar!!

Ergänzung: Das ist Tatsache.

Revision: Die §§ 1 bis 3 treten außer Kraft.
Statt dessen gilt ausschließlich:

Das ist die Realität!!!

Quelle: "Mein Krampf"
Detail-Verlag
Halb-Butterbrotpapier
DM 4000,-

Ping-Pong

Sein Gesicht war geprägt von spitzen, nagezahnähnlichen Zähnen, einem "Pupps" und zwei Ohren. Das rührte daher, daß EPI seinen Kopf aus einem Drehmomentwandler hergestellt hatte. Das dritte "Ohr" war unsichtbar, denn es diente der Befestigung des Kopfes am Hals. Deshalb war Ping-Pongs Kopf ein wenig wacklig, und er hatte nur spärliche Haare. Aron brachte etwas von seiner Haarkrause vom Barbier mit, die EPI dann auf Ping-Pongs Haupt festklebte.

Apropos Nagezähne: Viele Jahre später stand ich mit einer Gruppe Kollegen während einer Pause in trautem Plausch beieinander. Einer von ihnen beschrieb wortreich das Aussehen der Bisamratten, die am Fluß bei seiner Wohnstatt ihr Unwesen trieben, zog seine Oberlippe hoch, zeigte auf seine großen Schneidezähne und verkündete:
"Die Bisamratten haben so große, gelbe Nagezähne."
"Wirklich", fragte ich, den Ungläubigen spielend, "hast Du das auch ganz genau gesehen?
"Doch, doch", bekräftigte er, "riesige gelbe Nagezähne haben die!"
Er bleckte erneut weithin sichtbar sein Gebiß und strich mit dem Finger über seine Schneidezähne.
"Ach so", sagte ich, "dann seid ihr wohl miteinander verwandt."

Wegen seines Kopfes war Ping-Pong nicht in der Lage, die Studenten zu ärgern. EPI hatte hier seinen wohl schwersten Fehler begangen. Er hatte nämlich gehört, daß man lebendige Drehmomentwandler entleeren könne. In der Tat, aber man kann sie später lediglich wieder befüllen, nicht aber konditionieren, denn ihre alte Kennlinie bleibt bestehen, so auch bei Ping-Pong.

Wegen seiner Herkunft gab PiPo Faseltechnik, äh, Fahrzeugtechnik, also die Lehre von den Gefährten ohne Pferde oder Ochsen, die sich, wie von Geisterhand beflügelt, lärmend über kurvige Pfade bewegen. Seine besondere Liebe galt der Eisenbahn, insbesondere den dieselhydraulischen Lokomotiven. Im Gegensatz zu den meisten bei uns verbreiteten Automobilen haben diese nämlich stets mehrere Drehmomentwandler verschiedener Kennlinie, die während der Fahrt geleert und gefüllt werden können. Auf der folgenden Seite ist einer schematisch dargestellt.

Drehmomentwandler

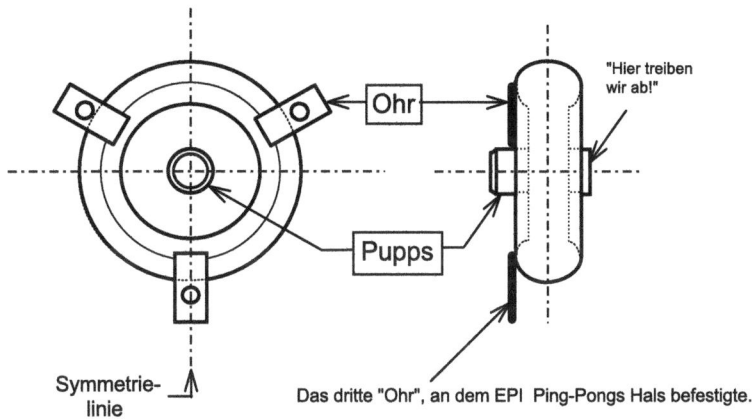

Der "Pupps" zentriert den Wandler auf der Kurbelwelle des Motors, an den "Ohren" wird er an dessen Schwungscheibe angeschraubt.

Ping-Pong spielte gerne Tischtennis, woher sein Name rührte. Er war ein goldiges Monsterchen, ein richtiges Labsal im Vergleich zu den noch folgenden. Auch Studenten brauchten zwischen den Peitschen einmal ein Zuckerbrot! Aber er hatte natürlich auch seine Marotten: Die Symmetrie eines Gegenstands war ihm sehr wichtig, und seine besondere Vorliebe waren Freihandzeichnungen. Wehe, man zeichnete in seinen Klausuren mit einem Lineal, aber wie schlimm sahen demgegenüber meine freihändigen Zeichnungen aus!

Als Ping-Pongs Assistenten treffen wir Charly wieder, unseren Hansdampf in allen Gassen, der das Labor für Fahrzeugtechnik beherrschte. Demzufolge knatterte er mit Leidenschaft mit dem Versuchsfahrzeug, einem Torso ohne Karosserie, um die Schule herum, rauschte mit Vehemenz durch alle erreichbaren Pfützen und überschüttete jeden Fußgänger, der nicht fluchtartig zur Seite sprang, mit der braunen Brühe. Wer Charly heransausen hörte oder sah, der brachte sich besser flugs in Sicherheit!

Das Testauto war auf Bodengruppe und Fahrwerk eines Wagens des Typs "VW-Käfig" aufgebaut. Das war allerdings nicht verwunderlich, denn auch Charly nannte ein solches Vehikel sein eigen und pflegte es mit Hingabe, obwohl es noch nicht einmal ein Oldtimer war. Manchmal sah man Charly, wie er mit dem Schweißbrenner den Rost wieder in haltbare Bestandteile verwandelte. Faszinierend war das, denn kein Elektroschweißgerät kann Rost auch nur annähernd so wunderbar zusammenbacken wie eine reduzierende Flamme.

Diese Erfahrung konnte ich später auch selber machen, nachdem Charly mir das Schweißen anhand meines alten Horch-Derivats, des Traumautos eines armen Studenten, beigebracht und schmackhaft gemacht hatte. Dadurch lernte ich die Grundlagen für erhebliche Geldersparnis und ebenso großen Zeitaufwand: "alte Kisten zusammenbraten", für Studenten und Berufsanfänger sehr zu empfehlen. Nicht nur wegen des Geldes, sondern vor allem deswegen, weil erste Erfolge das Vertrauen in die eigenen Fähigkeiten stärken und Mut machen für kompliziertere Projekte wie Kupplung wechseln, Motor austauschen, Einstellungs- und Optimierungsarbeiten ("Tuning") und andere praktische Tätigkeiten.

Im Berufsleben nennt man so etwas heutzutage auf Neudeutsch auch "learning by doing" oder "training on the job":
Lerne aus Deinen Fehlern und wachse mit Deinen Erfahrungen.

Finsty

Hatten wir gedacht, mittlerweile so ziemlich alles Erdenkliche überstanden zu haben, so bescherte Finsty uns doch noch eine Steigerung unserer Qualen, sozusagen das hypermonsteristische Grauen. Finsty war endlich die langersehnte Perfektion von EPIs Wirken, in einer Sternstunde entstanden - das absolut Boshafte, so wie es die "Time Bandits" zersplittert vom Erdboden zusammenkehrten, wobei selbst die Fragmente noch höllisch gefährlich waren! Grausige Fachgebiete und ein gemeiner Charakter - das war nach EPIs Vorstellungen endlich das perfekte Monster.

Finsty steht für "Herr der Finsternis". Finster war sein Blick, und eine Aura der Finsternis umhüllte ihn. So dicht und dunkel war diese Aura, daß Finsty ihretwegen aus dem Gesangverein der Monster ausgeschlossen wurde, weil seine Düsterkeit des Nachts den ohnehin schwachen Schein ihrer Fackeln vollends zu ersticken drohte.

Finsty unterrichtete "Rätsel- und Streuseltechnik", also Regelungs- und Steuerungstechnik, per se schon eine exquisite Qual für die Studenten. Deshalb wurde er ihnen auch recht spät im Studium verabreicht, wenn ihre Nerven ohnehin schon angegriffen und ihre Geister erschöpft waren. Dessen uneingedenk und ohne jeden Skrupel präsentierte Finsty ihnen Unterrichtsinhalte, die an Schwere kaum zu überbieten waren, und ein Tafelbild, dessen Chaos jeder Beschreibung spottete. Das muß man einfach gesehen haben, diese monströse, krakelige Schrift und diese Zeichnungen, die den Alpträumen des unseligen Sigmund Freud hätten entsprungen sein können!

Die Ursache für dieses Chaos liegt allem Anschein nach darin, daß EPI den Deckel des Behältnisses, in dem er das für Finsty vorgesehene Hirn aufbewahrte, nicht richtig verschlossen hatte. So konnte Luft eindringen, und die für das Schreiben zuständigen grauen Zellen waren durch Oxydation schwarz geworden. Auch die für das Lachen zuständigen Bereiche des Hirns waren weitgehend abgestorben.

Finsty lachte nie. Nur einmal, als wir ihn nach seiner beruflichen Vergangenheit fragten, lief er vor Scham über seine Herkunft dunkelrot an und lachte aus Verlegenheit wegen der Lüge in seiner Antwort. Er kam doch aus EPIs Labor und nicht von der Firma Monster-Technik-Universal, wie er behauptete! Selbst wenn er jemals bei der M-T-U tätig gewesen wäre, man hätte ihn dortselbst hinausgeworfen, weil er ständig an der Entwicklung des "perpetuum pumpile" herumexperimentierte, seine Arbeit darüber vernachlässigte und sich, von der Idee besessen, hartnäckig weigerte, dieses zu unterlassen.

Finstys Maximalbenotung war die "1,7", welche bedeutete, daß der Student eben nur eine Zwei erhielt, nicht jedoch eine Eins. Sage und schreibe dreimal mußte sich einer von uns diese Erniedrigung antun lassen. Eine von Finstys Klausuren fiel derart miserabel aus, daß jedes vernünftige Wesen, ob Mensch oder Monster, den gesamten Zensurenspiegel ob der Schwere der Aufgaben angehoben hätte. Finsty jedoch war diesem trotz unserer Proteste abhold, denn dann wären ja Benotungen oberhalb der 1,7 entstanden. Dadurch hätte er eingestehen müssen, daß auch Studenten sein Fachgebiet 'sehr gut' beherrschten. Das ging ihm aber streng gegen seine Monsterehre!

Es wundert wohl niemanden, daß mancher von uns diesem Burschen den Epistropheus an den Hals wünschte, und daß wir alle froh waren, als wir ihn loswurden.

Flexy

Flexy unterrichtete Hydraulik und Pneumatik und verteilte hierzu ein Manuskript, das aber statt Formeln nur leere Kästen enthielt und unvollständige Zeichnungen statt Schaltplänen. So zwang er die Studenten zur Teilnahme an seinen Vorlesungen, auf daß er sie quälen konnte, ohne daß ihnen eine Möglichkeit zur Flucht blieb, wenn sie ihren Schein erlangen wollten. Das fand EPI wirklich genial, den Burschen hatte er endlich mal so richtig gemein konditioniert.

Die Hydraulik ist im Prinzip eine ganz einfache Sache, man muß nur genügend Druck machen. In einem Tank befindet sich ein Öl, das für den menschlichen Genuß nicht geeignet ist, weshalb es ja auch Hydrauliköl heißt. Das Öl wird von einer Pumpe gierig angesaugt, unter grausigen Druck gesetzt und durch enge Rohrleitungen gequetscht. Nachdem es meistens noch in Ventilen gemein gedrosselt wurde, gelangt das Öl dann zum Hydraulikkolben. Dieser weicht dem Druck des Öls natürlich aus und fährt je nach den Umständen mit Normal- oder aber mit Eilgeschwindigkeit aus (Eilaus) oder im Normalgang oder im Eilgang ein (Eilein). Dabei fließt ein Strom von Hydrauliköl, Q genannt, entweder dem Kolben zu (Kuhzu) oder aber von ihm ab (Kwapp). Das durch die Qual erhitzte Öl wird in einem Kühler abgekühlt und dem Tank zur Wiederholung der Quälerei wieder zugeleitet.

Nach der Kontinuitätsgleichung sollten Kuhzu und Kwapp identisch sein, aber vertrackterweise fehlte am Ende meistens etwas. Dann hatte man die Aufgabe wohl falsch gerechnet, denn Leckverluste traten ja nur in der Praxis auf und nicht auf dem Papier. Ein Taschenrechner, von Flexy geringschätzig "Geistesprothese" genannt, war für das Überleben in dieser Wüste kompliziertester Formeln eine absolut notwendige Waffe.

Übrigens wird ein Volumenstrom üblicherweise als "V-Punkt" bezeichnet, aber die Hydrauliker kochen ihr eigenes Süppchen und nennen ihn Q. So bezeichnen die Wärmetechniker aber eine Wärmemenge, und die Elektrotechniker wiederum die Blindleistung. Von Standardisierung ist da also keine Spur.

Bezeichnet man den Volumenstrom Q bei einer Pumpe als "Förderstrom", so wird er bei einem Hydraulikmotor "Schluckstrom" genannt. Ja, die Hydraulikmotoren sind rechte Schluckspechte und genehmigen sich gern "einen doppelten Korn mehr".

Flexy kannte sich berufsbedingt gut mit Ölen aus und erklärte uns einmal, warum die Kunststoff-Literdosen mit Motoröl so handliche Griffmulden haben. Öl bindet nämlich Luftsauerstoff, wodurch es oxidiert, so daß man es bei seinem Auto nicht nur in Abhängigkeit vom Kilometerstand wechseln sollte.

Im betrachteten Fall bindet das Öl den Sauerstoff in der Dose, so daß in ihr ein Unterdruck entsteht. Damit sich die Dose dadurch nicht einbeult, wird sie durch Einbuchtungen und Prägungen versteift, und der unbedarfte Kunde freut sich über die schöne griffige Form.

Wer sein Öl selber wechselt wird jetzt einwenden, daß Fünfliterkanister keine derartig ausgeprägten Versteifungen haben. Nun, sie sind recht gut gefüllt, ihr Luftinhalt ist also im Vergleich zum Volumen des Öls gering. Auch sind sie oft nicht sehr fest zugeschraubt, geschweige denn fest mit Folie versiegelt, und können so Außenluft ziehen.

Das mit dem Öl und der Luft war ja noch leicht zu verstehen, aber ansonsten wurde die Hydraulik durch ihre Formelwüsten und die Hydraulikschaltpläne mit ihren kryptischen Symbolen und ihren verworrenen Pfaden für uns bald zu einem gewaltigen Alptraum. Diese Mixtur aus irren Formeln und chaotischen Schaltplänen, das war genau das richtige Mittel zum Plagen von Studenten, die sich in dem Glauben wiegten, schon so gut wie alles überstanden zu haben und die gegen alle Schrecken gewappnet zu sein glaubten.

Wer das rettende Ufer des Diploms schon vor sich sah, dem warf EPI hier noch einen seiner letzten, aber um so gewaltigeren Steine in den Weg: die ultimate Qual von Flexys Klausuren.

Eine jede Beschreibung dieser Torturen muß zwangsläufig Stückwerk bleiben. Man kann sich nicht vorstellen, wie viele wüste Aufgaben in welch kurzer Zeit gelöst werden sollten.

Wenn jemals die Finger das Fliegen lernten und die Taschenrechner anfingen zu rauchen, dann hier. Hatten wir bis dahin immer locker gesagt: "4,3 zieht", so beschworen wir jetzt geradezu verzweifelt diese magische Zahl, die Note, die das Bestehen der Klausur sicherstellte. Nie habe ich nach einer Klausur so viele erschöpfte, geisterbleiche Gestalten aus einem Hörsaal wanken sehen, und nie habe ich mich unter dem Zeitdruck so fürchterlich verrechnet wie in Flexys letzter Klausur. Und nach keiner anderen Klausur in den höheren Semestern trugen sich Kommilitonen verzweifelt mit dem Gedanken, aufzuhören oder zumindest das ganze Semester zu wiederholen.

Aufgrund dieser Zustände prangte eines Tages, als Flexy den Hörsaal betrat, an der Wandtafel über einer Zeichnung von Eilaus, Eilein, Kuhzu und Kwapp in riesigen Lettern die Bemerkung:

HYGRAUSIG !!!

Eilaus   Eilein   Kuhzu   Kwapp

Die vier Hygrausigkeiten

Dr. Jekyll und Mr. Hyde

Aus klassischer Literatur sind uns allen diese beiden Personen wohl geläufig, doch sei mir an dieser Stelle ein kleiner Exkurs in die ~~Arglistig~~ Anglistik gestattet. Diejenigen unter Ihnen, die der englischen Sprache mächtig sind, werden sich vielleicht schon einmal über die Namen dieser beiden Herren, genauer gesagt: dieser gespaltenen Persönlichkeit, Gedanken gemacht haben. Aber nicht nur für sie habe ich einmal die folgende Analyse durchgeführt.

Wie gemeinhin bekannt, ist der Jekyll der Gute von den beiden, ein hilfreicher, wenn auch etwas schlichter und naiver Geist, vom Glauben an den Altruismus in seinem Wirken geleitet.
Der Hyde hingegen ist ein Egoist par Excellence, die Inkarnation des Bösen, nur danach trachtend, seine Mitmenschen auszunutzen, zu mißbrauchen, zu erniedrigen und zu quälen, wann irgend es seinem Vorteil und seinen Gelüsten dienlich sei.

Diesem Bild entsprechend, ist der über jeden Zweifel erhabene Jekyll ein Doktor, nach landläufiger Ansicht also ein Mann von Bildung, Anstand und gesittetem Lebenswandel, gesellschaftlich anerkannt und respektiert, wohingegen der dubiose Hyde ganz einfach ein vulgärer Mensch ist, der sein Leben genießt und der der Lust und dem Laster frönt, nicht jedoch den guten Sitten.

Beleuchten wir nun zunächst einmal den Namen des Jekyll mit der Aura der Erkenntnis, so wird augenfällig, daß dieser dem Wort "jackal" gleichend ausgesprochen wird, welches nun allerdings nichts Gutes bedeutet, sondern "Schakal". An dieser Stelle gilt mein Dank der Bande "Emerson, Lake and Palmer", deren Liedgut mich zum Erkennen dieses Synonymons geleitete, und ich zitiere einmal aus dem Lied "First Impression" von ihrer Klangrille "Brain Salad Surgery" (Gehirnsalat-Chirurgie, das paßt gut zu EPIs Treiben) den ersten Vers:

"Cold and misty morning, I heard a warning borne in the air
About an age of power where no one had an hour to spare,
Where the seeds have withered, silent children shivered in the cold,
Now their faces captured in the lenses of the jackals for gold."

("An einem kalten, dunstigen Morgen trug der Wind eine Warnung zu mir
herüber vor einer Ära der Machtmenschen, in der niemand auch nur eine
Stunde zu vergeuden hatte, in der die Saaten verdorrten und Kinder stumm
in der Kälte zitterten. Ihre Gesichter spiegelten sich wider in den Augen der
Schakale, die dem Mammon hinterherjagten.")
Verfaßt anno 1973, und wie treffend doch für unsere Zeit.

Nun ist ein Schakal ohne Zweifel ein übel beleumundetes Tier, und
der Charakter, der ihm vom Volksmund nachgesagt wird, würde doch
unserem braven Dr. Jekyll arg zuwiderlaufen, oder etwa nicht?
Aber ist nicht auch ein Doktor ein jemand, der ein hilfreicher, barm-
herziger Samariter zu sein vorgibt, sich aber letztlich doch vom Leiden
seiner Mitmenschen ernährt und von kranken Kreaturen lebt, wie der
Schakal? Nur ein kranker Mensch ist doch dem Doktor nützlich und
füllt seine Taschen.

Lesen wir nun weiter im anglistischen Lexikon, so sticht der Begriff
"jackass" ins Auge, welcher "Dummkopf" oder "Esel" bedeutet und des
Jekylls oben erwähnter Anständigkeit schon eher Rechnung trägt,
denn gemessen am Hyde ist ja ein guter Mensch ein dummer Mensch.

Letztlich, wenn man Jekyll gar zerlegen würde in "Jack and Jill", so
erhielte man "Hänsel und Gretel", eine männliche und eine weibliche
Seele also, die der Brust des Jekyll innewohnen würden. Wenn dem
allerdings so wäre, dann wäre der Jekyll nun gar dreigespalten!

Was den Namen "Hyde" angeht, so deutet dieser zunächst auf das
Verbum "hide" hin, welches "verstecken" bedeutet, und er versteckt
sein übles Wesen unter dem Mantel der Nacht, tagsüber indes in der
bürgerlichen Haut des arglosen Dr. Jekyll.

Des weiteren bedeutet "hide" auch, jemandem das Fell (hide) zu ger-
ben, und dieser Unart frönte der Hyde in der Tat exzessiv. Und damit
wären wir bei des Pudels Kern, wie Goethe zu sagen pflegte, denn
"hide" bedeutet ebenfalls "Haut". So ist also der Hyde ein Synonymon
für des Jekylls zweite Haut, sein finsteres "alter ego", das andere Ich,

in das er sich des Nachts verwandelt und seine armen Mitmenschen erbarmungslos heimsucht.

Last not least, also letztlich, könnte aber der Name Hyde auch als Abkürzung stehen für "Hydra", jene Schlange also, der bei Abschlagen eines ihrer Köpfe alsbald mehrere in ständig wachsender Zahl nachwuchsen - ein Synonymon also für ein niemals auszurottendes Übel, für das Böse an sich, das sich als Reaktion auf die Intervention des Guten lediglich vielfach vermehrt und unsere Welt mit wachsender Gier verzehrt!

So wohnen also der Jekyll und der Hyde in derselben Brust, und sie stehen symbolisch für die natürliche Ambivalenz, den starken Widerstreit von Gutem und Bösem in einem jeden Menschen.
Wie mag dieser Kampf im Falle unseres EPI wohl ausgehen?

Denn es ist doch aus dem obigen philosophischen Traktat ersichtlich, daß auch EPI geleitet war von zwei Seelen, die in seiner Brust wohnten: von der eines bürgerlichen Dr. Jekyll und von der eines diabolischen Mr. Hyde.

Ersterer wachte des Morgens auf, in seinem bürgerlichen Domizil, gut getarnt dem friedlichen Eheleben huldigend. Nach seiner intensiven Morgentoilette mit 7x7-Seife und 666-Deodorant und dem Putzen seiner Zähne mit Monstrodent standen für ihn seine Exerzitien an: das Trainieren und Verbreitern seiner Zunge mittels eines Leckbrettes. Dieses nun war eine Vorrichtung ähnlich einem Waschbrett, wenn auch (noch) nicht ganz so breit.

Hernach folgte das Frühstück, von seinem treusorgenden Weib verabreicht, in Form eines Eulenspiegeleis und nahrhafter Körner. Diese machten ihn drahtig und verschafften ihm, weil sie nicht allzu lange vorhielten, einen gesteigerten Appetit auf Granulat. Dieses wiederum wurde aber, der Tarnung halber, erst im Labor von seinem Assistenten Snurp in Form eines zweiten Frühstücks gereicht, genauer gesagt mit einem Trichter und einem Ladestock in ihn hineingestopft. An sich war das Kunststoffgranulat für den menschlichen Genuß nicht vorgesehen, diente es doch eigentlich dem Eingießen von Werkstoffproben zum Zwecke des Schleifens von Schnitten.

Einen entsprechend monströsen Metabolismus vorausgesetzt, schien es jedoch verdaulich zu sein und vermochte anscheinend sogar ungeahnte Kräfte zu wecken.

Von Snurp wurde übrigens auch die Kunde überliefert, daß EPIs angetrautes Weib ihrem Ehegespons morgens stets eine Krawatte in seinen Weg hing, in die er beim Verlassen seiner Wohnstatt zwangsläufig hineinstolpern mußte, auf daß er sie niemals vergesse und stets korrekt gekleidet sei. In der Tat wurde EPI auch immer in kompletten Anzügen von gedeckten Farben und konservativem Schnitt gesehen, die seine äußere Erscheinung vom Hals an abwärts perfekt zur Inkarnation eines typischen Spießbürgers abrundeten.

Im Verlauf des Tages pflegte EPI sein harmloses Image, mogelte sich durch seinen Dienstalltag, buckelte nach oben und trat nach unten, hielt seine Vorlesungen und betreute vor allem intensiv die Übungen der Studenten im Werkstoffkunde-Labor, denn bei denen durfte er ja unter keinen Umständen fehlen. Ebenso wenig allerdings bei den nachmittäglichen Sitzungen diverser Gremien, was ihn bisweilen in arge Terminkonflikte brachte.

Wie ein liebender Vater nahm EPI den Studenten beim Zugversuch das ach so schwierige Bedienen der Zerreißmaschine ab, damit sie dabei nur nichts beschädigten. Höchstpersönlich spannte er die Zugproben ein, dabei auf seiner Kiste stehend. Bei dem Versuch wurde das sogenannte Maschinendiagramm aufgezeichnet, das eigentlich EPIgramm heißen müßte, denn es ist ein Dokument seines grausigen Tuns bei der zerstörenden Prüfung von Werkstoffen.

Für diejenigen unter Ihnen, die der Werkstoffprüfung unkundig sind, soll hier natürlich ein Diagramm aus dem Zugversuch nicht fehlen, das alle dabei wichtigen Begriffe erläutert. Auf der folgenden Seite wird sinnbildlich das Leiden einer unnachgiebig gedehnten und bis zu ihrer Zerstörung hin grausam gemarterten Zugprobe dargestellt, die alle Phasen eines Zugversuchs wehrlos erdulden mußte und, obwohl sie aus Stahl war, letztlich daran hilflos zugrunde ging.

DER ZUGVERSUCH

Beim Zugversuch verwandte Probe, sogenannter Proportionalstab:

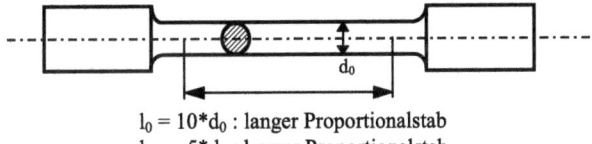

$l_0 = 10 * d_0$: langer Proportionalstab
$l_0 = 5 * d_0$: kurzer Proportionalstab

Kraft -Verlängerungs - (F / Δl -) Diagramm eines Zugversuchs,
auch Spannungs - Dehnungs - (σ / ε -) Diagramm genannt
(Kennlinie, Maschinendiagramm, EPIgramm*).

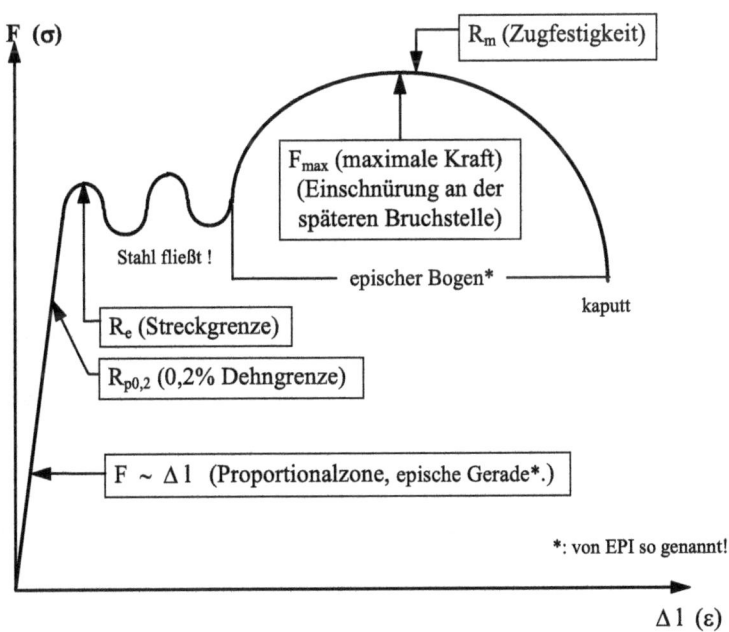

F (σ)

R_m (Zugfestigkeit)

F_{max} (maximale Kraft)
(Einschnürung an der
späteren Bruchstelle)

Stahl fließt !

epischer Bogen*

kaputt

R_e (Streckgrenze)

$R_{p0,2}$ (0,2% Dehngrenze)

F ~ Δl (Proportionalzone, epische Gerade*.)

*: von EPI so genannt!

Δl (ε)

115

Im Laufe seiner Lehrtätigkeit wurde EPI mit vielen Kennwerten und Faktoren konfrontiert und stieß dabei auch auf einen sogenannten Nasenfaktor, den er sich alsbald zum Zwecke der Beurteilung seiner Studenten intensiv dienlich machte.

Es war nämlich Usus, daß ausgewählte Studiosi dem EPI zu Diensten sein mußten, indem sie für ihn Botengänge, Tafelwischen und andererlei Arbeiten verrichteten, für die sich der Ekle vom Epistein während seiner Vorlesungen wohl zu schade war. Diese dienstbaren Geister mußten aus der Masse der Studenten ausgewählt werden, und dazu eben diente der erwähnte Nasenfaktor.

So geschah es denn, daß einer der Kommilitonen unseres Semesters zum Handlanger des Episteiners berufen wurde, ein Amt, das er stets mit großer Hingabe und ohne Tadel bekleidete, bis er einen entscheidenden Fehler beging. Eines Tages während der Vorlesung nämlich, während wir alle wie gebannt EPIs Traktaten lauschten, zog unser Kommilitone unter seinem Pult hervor ein Behältnis mit trinkbarer Schokolade ans Licht, um sich an dessen Inhalt zu laben. Allein, EPI wurde dessen sofort gewahr, da er doch seine Zuhörerschaft aufmerksam observierte, und er erteilte dem Armen eine herbe Rüge, die mit den Worten begann: "Aber, Herr U., das wollen wir doch nicht tun!" und las ihm nachfolgend kräftig die Leviten.

Von diesem Tage an war unser Kommilitone als Handlanger des EPI nicht mehr gelitten, sondern er wurde spornstreichs durch einen anderen ersetzt, welcher EPI vom Bart her ähnlich war.

Ist so etwas nicht krankhaft? Haben Sie das nicht auch schon einmal erlebt? Bestimmt wurden wir alle schon mal mit solchen oder ähnlichen Personen konfrontiert, die so oder anders danach trachteten, ihre Wasserträger, von ihnen auch Mitarbeiter genannt, gleichermaßen krank zu machen.

Ein Vorgesetzter ist anscheinend dadurch gekennzeichnet, daß er einem vorgesetzt wird, wie es schon das Wort an sich aussagt, jedoch nicht zwangsläufig dadurch, daß er seine Position fachlich oder menschlich auszufüllen vermag. Anstatt daß alle mit Freude am gemeinsamen Werk und gegen die Konkurrenten am Markt arbeiten und mit Motivation produzieren, verzehren sich unsere Unternehmen in Intrigen zwischen ihren Abteilungen oder ihren Ständen, und ihre

Produktivität bleibt ob interner Reibungsverluste oftmals auf der Strecke. Kommen gar noch Unfähigkeit und Raffgier zusammen, so klopft der Konkurs alsbald an die Tür.
Lichtenberg sagte dazu: "So sagt man, jemand bekleide ein Amt, wenn er von dem Amt bekleidet wird."

Während seiner Vorlesungen plagte EPI seine Studenten des öfteren mit peinlichen Fragen, deren richtige Beantwortung er mit einem kräftigen "Jawoll!" bestätigte. Der Nasenfaktor geleitete ihn dabei stets zu denjenigen, die wenig zu wissen schienen oder gar zu solchen, welche ihm unaufmerksam erschienen. Das äußerte sich darin, daß er zunächst die Frage stellte, die Anrede "Herr" hintenan hängte und sich dann im Auditorium umsah, um sein Opfer auszuspähen. Die dadurch entstehende Pause überbrückte EPI mit dem Füllwort "ääh", bis er den Namen des auserkorenen Delinquenten nennen konnte. So warf er eines Tages eine unheilschwangere Frage in den Raum, die meine von der Mühsal des Studiums erschöpften Sinne just noch registrierten, bevor ich beim "ääh" in einem gnädigen Schlummer versank.

In meine Träume hinein schlich sich jedoch EPIs Stimme, welche meinen Namen rief. Daraufhin sammelte mein Körper alle verfügbaren Kräfte und sandte sie an die Augen und das Hirn. Die Augen öffneten sich daraufhin, starrten EPI an - und ich beantwortete seine Frage umgehend und korrekt.
Wie groß mochte sein Gram darob gewesen sein, daß er mich nicht hatte überlisten können? Die Enttäuschung stand sehr deutlich in sein Antlitz geschrieben, und sein "jawoll" erklang nur leise und gequält. Sein Fehlschlag schien ihn gar derart beeindruckt zu haben, daß ich forthin Ruhe vor solcherlei Attacken hatte.

In trügerischer Ruhe wiegte sich allerdings der, der EPIs Klausuren glücklich überstanden hatte und seine Noten in Sicherheit glaubte. EPI setzte nämlich zur Steigerung der Qual noch sogenannte Kolloquien an, bei denen er mittels peinlicher Fragen versuchte, jeweils drei seiner Delinquenten in die Enge zu treiben in der Absicht, ihre bis dahin mühselig erkämpften Zensuren zu Staub zu zertrümmern.

Ja, liebe Leser, so schlimm trieb EPI es mit seinen Studenten. Wenn er aber schon mit diesen so umsprang, wie mochte er sich dann erst gegenüber seinen Monstern verhalten, jenen bedauernswerten, von ihm erschaffenen und ihm ergebenen Wesen?

Wenn es in der Schule still geworden war, wenn die Bureaukraten und die Betriebswerkstatt Feierabend gemacht hatten und nachdem die Studenten aus den Laboren geflüchtet waren - dann ließ EPI die Monster im fenster- und somit lichtlosen Audimax singen und die Harfen spielen, wie alle Monster im Himmel so auch auf Erden, als Exerzitien für ihre nächtlichen Auftritte im Park. Hernach fütterte er sie mit leckerem MONSTRO, einer eigens für seine Kreaturen entwickelten köstlichen Speise, nach der sie gierig in Scharen anstanden. Im Takt der schwingenden Schöpfkelle schreitend, sangen sie wieder und wieder, bis sie an der Reihe waren:

An MONSTRO ist der Monstrich dran, der schmeckt und steckt zum Monstern an, M O N S T R O!

Auch diese Speisung mag wie ein väterliches Verhalten anmuten, aber da täuschet euch nicht! Denn der im MONSTRO enthaltene wohlschmeckende Monstrich war in Wirklichkeit eine Droge, mit der EPI seine Kreaturen abhängig und ihm untertan machen wollte und sich ihrer Hörigkeit für alle Zeiten zu versichern suchte.

Wenn die Nacht hereinbrach, verwandelte sich EPI, durch Granulat gestärkt und durch die Droge der Macht berauscht, in eine Art Mr. Hyde und quälte seine Monster durch mannigfaltige Versuche an den lebenden Geschöpfen. Berüchtigt waren zum Beispiel die Untersuchungen mit dem Monstroskop, einem Gerät also, das in einen Organismus hineinzuschauen vermochte. Große Qualen mußten die gepeinigten Kreaturen dabei erleiden, und jammernd und flehend wanden sie sich in ihrem Schmerz.

Schlimmer noch war jedoch EPIs Lieblingsversuch, das Monsterrecken. Hiermit prüfte EPI die elastische und plastische Verformbarkeit seiner Schöpfungen durch Applikation einer Zugbeanspruchung, so, wie er es bei seinem Studium der Werkstoffkunde erlernt hatte. Die Qualen der gereckten Probanden waren dabei besonders groß, da sie durch die Zugspannung der Möglichkeit beraubt waren, sich zu winden. Starr und steif mußten sie die Pein erdulden, die Münder mit Granulat vergossen, und sie sandten ein flehendes Gebet gen Himmel, daß EPI nur nicht den Pulsator einschalten möge, der ihre bisher statische Marter durch Schwingungen in eine dynamische potenziert hätte.

Als nächstes wurden seine Opfer schmerzhaften Biegeversuchen unterzogen, die auch oft mit Schwingungen überlagert waren. Dann wurde ihre Zähigkeit beim Kerbschlagversuch mit einem Fallhammer unbarmherzig untersucht. Die Qualen, die die Wesen bei diesen Versuchen auszustehen hatten, vermag kein Mensch nachzuvollziehen.

War aber die Verformbarkeit der Monstren anhand dieser Kennwerte erst einmal ermittelt, so unterzog EPI sie meist einer Wärmebehandlung, um sie zu vergüten, wie er es nannte. "Vergüten" bedeutet aber in der Werkstoffkunde: Härten und hohes Anlassen. Die Probanden wurden also in einen Ofen gesperrt, dessen dicke Wände ihr Wehgeschrei zurückhielten, und einer extremen Hitze ausgesetzt. Hernach wurden sie herausgezerrt, in eiskaltem Wasser abgeschreckt und alsbald der Hitze erneut anheim gegeben. Dann wurden sie wiederum herausgezerrt, abgekühlt und der Härteprüfung unterzogen, bei der EPI ihnen gemäß dem Verfahren der Herren Vickers und Rockwell spitze diamantene Prüfkörper unsanft in ihre Gebeine stieß.

Hatten sie dieses durchlitten, so wurde ihnen nun die Aussicht auf Entspannung vorgegaukelt, dieweil doch ihr Gefüge verzerrt war und sie von Härtespannungen geplagt wurden. Weit gefehlt aber, wenn sie bei der Entspannung an ein warmes, duftendes Bad dachten, denn sie kamen wiederum in den Ofen und wurden dortselbst über geraume Zeit spannungsarm geglüht. In ein Bad kamen sie nur, wenn sie EPI zu weich waren und er sie härten wollte. Das war aber dann ein stinkendes Härtebad, bestehend aus giftigen Zyaniden, und von grauslicher Temperatur. Auch dieser Prozedur folgte ein brutales Abschrecken in eiskaltem Wasser. Kein Wunder, daß die armen Wesen dabei vom "leidenfrostschen Phänomen" geplagt wurden.

Wehe aber, wenn sich ein Verdacht auf Härterisse zeigte, wie sie bei solchen Prozeduren schon einmal auftreten! Dann ergossen sich die scharfen Flüssigkeiten der Eindringrißprüfung schmerzhaft brennend in die Körperöffnungen der gepeinigten Probanden, die darüber hinaus noch mit weißem Pulver besprüht und mit Schwarzlicht bestrahlt wurden, um die Risse sichtbar werden zu lassen.

Damit war EPIs Repertoire an Experimenten aber bei weitem noch nicht erschöpft und seine Neugier beileibe noch nicht gestillt. Hatte er die Härte der Gebeine seiner Kreaturen erst einmal ermittelt, so interessierte er sich auch noch für die Elastizität ihrer Häute. Hierzu verwendete er den Tiefungsversuch, der üblicherweise zur Ermittlung der Tiefziehfähigkeit unschuldiger und jungfräulicher Bleche angewendet wird. Unbarmherzig drang der kugelige Stempel tief in die Leiber der Probanden ein, bis sich ihre Haut blutlos gleich einer papierdünnen Membran über ihn spannte und EPI sie optisch nach Einrissen untersuchen konnte.

Schier endlos ist die Liste der Grausamkeiten, die dem Gruselkabinett des Professors EPI entsprangen. Sie alle aufzuzählen würde den Rahmen dieses Werkes sprengen und überdies den Leser derart in Angst und Schrecken versetzen, daß er nächtelang kein Auge mehr zu täte, und wenn doch, daß ihn dann Alpträume und Nachtmahre wieder aus seinem unruhigen Schlummer reißen würden.
Nur einige Experimente seien hier stellvertretend für alle anderen Grausamkeiten erwähnt: der Poldihammer, der Anfeilversuch, der Falt- und der Querfaltversuch, der Hin- und Herbiegeversuch, der Verwindeversuch, der Ringzugversuch und der Keilversuch. Ihre Namen sprechen für sich, und man kann sich wohl vorstellen, welch ein Grauen und Schmerz sich dahinter verbargen.

"Technologische Prüfverfahren", so nannte EPI diese Grausamkeiten, und besonders schmerzhaft und gemein waren auch der Stirnabschreck- und der Kopfschlag-Stauchversuch. Beim Innendruckversuch wurde dem Probanden ein Preßluftschlauch in den Hals gesteckt, um seine Berstfestigkeit zu testen. Beim Abwürgeversuch hingegen wurde ermittelt, wie lange es ein Proband ohne Luftzufuhr aushalten konnte. Wenn EPI mit dem Ergebnis dieser Versuche nicht zufrieden war, so bediente er sich zu ihrer Verbesserung des sogenannten Hochtrainierens seines Materials.

Probestücke seiner Materialien wurden von EPI sogar in Schnitte zerstückelt, in Granulat eingebettet, wieder und wieder abgeschliffen, mit Säure verätzt und unter dem Mikroskop betrachtet. Dann wurden sie fotografiert und hernach archiviert.
Seinen werkstoffkundlich geprüften Kreaturen jedoch hieb EPI mit Schlagzahlen eine Werkstoffnummer in ihr Haupt, mittels derer er sie späterhin erkennen konnte.

Damit aber noch nicht genug. Für spezielle Fälle hatte EPI nämlich noch eine sogenannte Monsterecke parat, die natürlich auch der Werkstoffkunde entlehnt war, und zwar einem Diagramm, in dem das

Gefüge eines Stahls in Abhängigkeit von seiner Temperatur dargestellt wird. Das Wort "Gefüge" ist nun aber sinnverwandt mit "gefügig", und das brachte EPI auf die teuflisch-geniale Idee, sich seine Kreaturen gefügig zu machen, indem er diese Ecke für seine Zwecke einsetzte und seine Wesen entsprechend glühte.

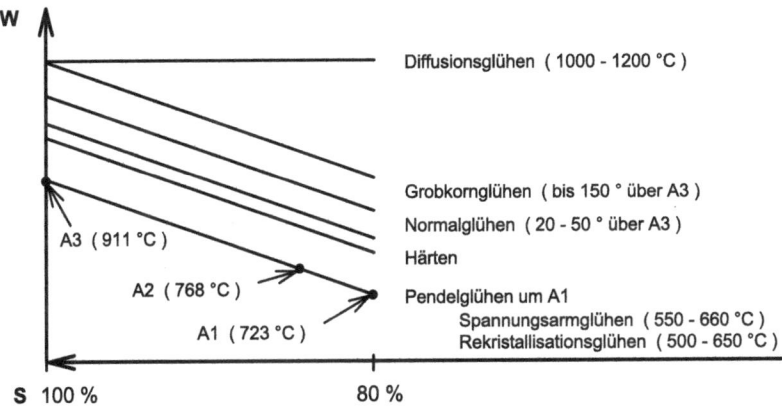

W

Diffusionsglühen (1000 - 1200 °C)

Grobkornglühen (bis 150 ° über A3)
Normalglühen (20 - 50 ° über A3)

A3 (911 °C)

Härten

A2 (768 °C)

Pendelglühen um A1

A1 (723 °C)

Spannungsarmglühen (550 - 660 °C)
Rekristallisationsglühen (500 - 650 °C)

S   100 %   80 %

Wie man sieht, wird bei der Monsterecke das Wehgeschrei **W** über dem Schmerzgehalt **S** aufgetragen, die beide zwangsläufig von der Temperatur des geglühten Probanden abhängen. Prinzipiell ist also das Wehgeschrei W um so größer, je höher die Temperatur und damit der Schmerzgehalt ist. Weil solche dynamischen Vorgänge nur schlecht zu erfassen sind, wurden sogenannte Haltepunkte eingeführt, bei denen die Temperatur und damit auch der Schmerzgehalt konstant gehalten werden, damit man das Wehgeschrei in Ruhe meßtechnisch erfassen kann. Diese Haltepunkte wurden mit A und einem Index bezeichnet als Abkürzung für "*A*ch und Weh".
Natürlich gilt auch hier: je größer das Ach ist, desto größer ist auch das W und damit des Probanden Pein.

Wie der Name schon andeutet, benutzte EPI die Monsterecke gern, um seine Wesen in die Ecke zu stellen, wie man so sagt, also als eine Art Stufenplan zur Bestrafung unartiger Monster oder solcher, welche ihm nicht gehorsam waren und die wider den Stachel des Meisters zu lökken versuchten. Je ungehöriger sie waren, desto heißer war die für sie vorgesehene Glut, desto länger war auch die Zeit, die sie in ihr verweilen mußten, und desto größer war natürlich auch ihre Qual.

So bescherte das Rekristallisationsglühen dem Opfer eine Art von Gelenkrheumatismus durch Kristallablagerungen in seinen Körperscharnieren, wohingegen das Pendelglühen arge Kreislaufbeschwerden verursachte. Besonders störrische Kandidaten wurden durch das Normalglühen zur Räson gebracht, für die Rohlinge unter ihnen war das Grobkornglühen vorgesehen. Äußerst fatal wäre allerdings das Diffusionsglühen gewesen, das allen Wasserstoff aus dem Körper des Delinquenten getrieben hätte, wodurch er langsam aber sicher verdorrt wäre und sich in Nichts aufgelöst hätte.

Ja, solch schlimme Taten beging EPI an eben den Kreaturen, die er selber erschaffen hatte, den Deckmantel der Forschung und der wissenschaftlichen Neugierde benutzend. So etwas erscheint unvorstellbar, doch muß man berücksichtigen, daß die Episteiner schon seit dem dreißigjährigen Krieg Folterspezialisten waren. EPI war aber nicht nur seitens seiner Vorfahren erblich vorbelastet, sondern auch noch des Grauens der Werkstoffprüfung kundig.

Obwohl EPIs Tun Ihnen wohl verwerflich erscheinen mag, so fügt es sich doch nahtlos ein in eine Strömung unserer Zeit, nach der alles, was irgendwie machbar ist, auch gemacht wird, sei es sinnig oder unsinnig, unter den Augen der Öffentlichkeit oder im geheimen. Skrupellos macht sich dabei der wissenschaftliche Geist ihm unterlegene Kreaturen untertan, deren Lebensrecht und deren Leiden er seinen Interessen grausam und unnachgiebig hintenanstellt.

Insofern, aber auch wirklich nur unter diesem Aspekt, wollen wir hier EPIs Treiben und Wirken nicht bewerten, sondern es lediglich, ganz pragmatisch der Chronistenpflicht genügend, bis zum Ende weiter verfolgen, aber dabei auch aufzeigen, was passieren kann, wenn sich die künstlich erschaffene Kreatur ihrer selbst bewußt wird.

Die Rache der Monster

Qui ipse exaltabit, humiliabitur.

(lat. Sprichwort: "Wer sich selbst erhöht, der wird erniedrigt werden.")

Der Aufstand

Es ist der Fluch der bösen Tat, daß sie fortwährend Böses muß gebären. So konnte denn EPIs verwerfliches Tun auch für ihn selber auf Dauer nicht ungesühnt bleiben. Ihrer von EPI verursachten Leiden überdrüssig, begannen die von ihm erschaffenen Kreaturen sich langsam, aber stetig wider ihren Schöpfer zu wenden, dem Lehrsatze "actio gleich reactio" gehorchend.

Waren es zum einen die mannigfaltigen Qualen, mit denen EPI unter dem Deckmantel des Experimentes die Monstren marterte, an ihrer Substanz zehrte und gar manchen aus ihren Reihen in den frühen Ruhestand hinwegraffte, so wandten sie sich zum anderen wider EPIs allumfassende Egozentrik, der Kürze halber auch Epizentrik genannt. Ja, aus der Masse der Monster sonderten sich gar einige ab, die ob der Fähigkeiten ihres Geistes zu der Erkenntnis gelangt waren: "**Cogito, ergo monstrum!**", ich denke, also bin ich ein Monster. In ihren Hirnen reifte der Gedanke einer Revolution wider ihren Herrn und Meister, sie taten sich alsbald zu einem 'circulus vitiosus', einem geheimen Bunde, zusammen und nannten sich hinfort "Die Monstrümmer", zu dem Behufe, sich über die Masse der Monster zu erheben.

Jene waren es, die die Monster zu mitternächtlicher Stunde auf dem Müllabladeplatz im Groden jenseits des alten Deiches zusammenführten, sich Feldherren gleich auf den Abfallbergen in Positur begaben und im fahlen Leuchten des schwelenden Unrats flammende Revolutionsreden gegen das andächtig lauschende Monstervolk schmetterten. Hierbei tat sich besonders Zinky hervor ob der gewaltigen Kraft seiner Rede, die er in beliiiebig viiielen Seminaaarien erlernt und exerziert hatte, so daß die Macht seiner Rhetorik die des seligen Cicero beileibe in den Schatten stellte. Kein Monsterhirn konnte sich einer solchen Eloquenz verschließen, und gar bald waren sie mit den Aufrührern eines Sinnes: Das Übel an der Wurzel zu packen und die Ursache ihrer fürchterlichen Qualen - EPI - bei der nächsten sich bietenden Gelegenheit zu beseitigen.

Überdies verstanden es die Dema-, nein, Monstragogen geschickt, den Gedanken der gemeinsamen Stärke in den Herzen der Monstren zu festigen, indem sie mit ihnen Lieder sangen, zum Beispiel die "Monsteristische Internationale (Monster aller Länder vereinigt Euch!)" und ein französisches Revolutionslied, die "Majonäse".
Außerdem lehrten sie die Massen ihr recht drastisch formuliertes Kampflied, das gezielt auf deren niedere Instinkte ausgerichtet war:

Foltermeister, EPI heißt er, machte mit dem Monstroskop manches arme Monster tot.

Doch wir Monster sind nicht dumm: Einmal bringen wir ihn um!

Welche Kraft geht doch schon per se von solch einem Lied aus, besonders aber dann, wenn es aus eigenem Antrieb heraus gesungen wird, fernab des drohenden Fingers des Männleins auf der Kiste! Mit Inbrunst sangen es alle aus voller Brust, und die Tränen der Rührung liefen über ihre ausgemergelten Wangen, als Zinky eine blutrote Fahne entrollte mit dem weißen Abbild der Fachhochschule darauf und sie anhuben zu singen:

124

Einigkeit und Recht und Freiheit
für das deutsche Monsterland!
Darum wolln wir uns erheben
gegen Epis quälende Hand.
Auch wir Monster sind nur Menschen,
das hat Epi nie erkannt!
Nieder mit dem Episteiner,
Hoch auf das deutsche Monsterland.
Nieder mit dem Episteiner,
Hoch auf das deutsche Monsterland!

Fürwahr, wenn man sie so ansah und im Geiste mit einer Horde Menschen verglich, so war es in der Tat schwierig zu bekunden, welche
nun die Monstren seien und welche die Menschen. Denn ein Monster,
das von einem Menschen erschaffen wurde, ist doch nur ein Abbild
seines Schöpfers, unvollkommen wie dieser selbst und voll von Irrun-
gen und Wirrungen.

Nachdem der letzte Ton ihres Gesanges über der Weite der Wiesen
verweht war, kehrten die Mon..., nein, die versammelten Massen in
ihre Behausungen zurück und harrten der Dinge, die da kommen sollten. Allein, die führenden Köpfe der Monstrümmer waren sich dessen
bewußt, daß alsbald gehandelt werden mußte, solange die Herzen der
Menge entflammt und ihre Sinne vom Glauben an den Sieg und das
Ende ihrer Leiden berauscht waren. Erkannten die Monstrümmer doch
klar, daß binnen kürzester Zeit die tiefverwurzelte Angst vor EPI und
seinen Schikanen wieder hervorbrechen und am Kampfeswillen der
Monster zehren würde!

Das Glück war ihnen hold, denn noch bevor sich die Monstrümmer
genötigt sahen, den Kampfgeist der Menge auf einer weiteren Ver-
sammlung erneut zu entfachen, erreichte sie das Gerücht, daß sich EPI
des Abends ohne Snurp und ohne jede Bewachung mutterseelenallein
im Park ergehen wolle, um der Ruhe und der Einsamkeit zu frönen
und sich womöglich neue Übel auszudenken.

Flink rotteten sich die Monster zusammen und bliesen zum Sturm auf das Labor des Alchemisten Bombe. Dortselbst plünderten sie die Schränke, um sich an deren Inhalt zu stärken, zu berauschen und sich Mut anzutrinken. Danach brach eine größere Gruppe von ihnen auf in den Park, um des Foltermeisters habhaft zu werden.

Mittlerweile war es stockfinster geworden, und ach, welch eine Stimmung lag an diesem schicksalsschweren Abend über dem Land! Der Wind schlief, der Mond ebenfalls. Er hatte sich, vielleicht das kommende Unheil vorhersehend, heftig dem Alkohol hingegeben, einige Stunden rot und völlig schief am Firmament gehangen und sich hernach mit dicken Wolken zugedeckt, um seinen Vollrausch auszuschlafen. Leichenstille hatte sich ausgebreitet, ja sogar die Uhus hatten sich angstvoll in ihre Tuben verkrochen. Nur ein einsamer Werwolf sprang mit spastischen Bewegungen im Park umher, ungeschickt nach einem Vampir haschend, der lautlos über seinem Kopf dahinschwebte.

Dann jedoch kamen im Park Geräusche auf, Irrlichter wanderten hüpfend und schwankend auf den verschlungenen Pfaden - es waren die Monster, die ausgezogen waren, um EPI das Fürchten zu lehren. Langsam schwoll das Geräusch an, wurde zum Getöse, über das hinweg schrille Todesschreie drangen, als Quasimodo, Moser und Ossi sich im Vorbeigehen einige Pfauen griffen, um sie zu verzehren.
Sie erreichten das Entenhaus am See - ein brutales Klopfen, Klein-Didis flehendes "Bitte, meine Herren, ..." und OPAs donnerndes: "Raus, ungeschickter Bengel!"
Dann zogen sie weiter, am Ufer des Sees entlang und dem Ende des Parks zu, dorthin, wo bei der Liegestatt der Boote das Wirtshaus steht.

Es mag schwerfallen zu glauben, daß es EPI war, der in der Schänke saß und sich an erlesenen Speisen ergötzte. Doch in der Tat: EPI aß an diesem Abend kein Granulat! Er war dessen überdrüssig, doch ahnte er, daß diese seine seit langem erste normale Abendspeise vielleicht seine letzte sein würde? Diese köstlich-knusprige Wattschweinhaxe mit dem schmackhaften Erbspüree und den kernigen Knödeln?

Sollte uns nicht dieser Umstand, diese eine, ach so menschliche Schwäche, anrühren und uns den kleinen, drahtigen Mann, sei er auch noch so grausam gewesen, ein wenig näher bringen?
Das soll jeder für sich selbst beurteilen.

Mittlerweile ist das Getöse an EPIs Ohr gedrungen, und ein Blick aus dem Fenster läßt ihn die Irrlichter und die wogenden Schatten draußen wahrnehmen. Übles schwant ihm, und die Angst greift mit eiskalter Hand nach seinem Herzen. Es hält ihn nicht auf seinem Stuhl, er springt auf, rennt zur Tür - die wütenden Rufe des Wirtes erreichen sein Ohr. Doch EPI reißt die Tür auf, stürmt hinaus - genau in die Arme OPAs, dessen tellergroße Augen ihn glühenden Kohlen gleich anstarren. EPI reißt sich los, rennt zum See hinunter, verfolgt von OPAs schallendem "Ungeschickt !!!"

Kopflos springt EPI in eines der Tretboote, es bewegt sich und nimmt Fahrt auf. EPIs Beine wirbeln, steil hebt sich der Bug des Bootes aus dem Wasser, aus seinem Heck stiebt die Gischt, bis EPI sich bewußt wird, daß er vergessen hat, die Leine loszumachen.
Zu seinem Glück haben die Monster mit ähnlichen Problemen zu kämpfen, dieweil ihre Sinne berauscht und sie überdies wasserscheu und somit auf schwimmende Gefährte angewiesen sind. Erst in dem Moment, als es EPI gelingt, die Leine vom Boot zu lösen, greifen einige Monster nach ihr im vergeblichen Versuch, sein Boot wieder zu festem Boden zurückzuziehen.

Nun aber geht die wilde Jagd los. EPIs Vorsprung ist klein, und er schwindet von Sekunde zu Sekunde. Das Gegröle der Verfolger gellt in seinen Ohren, übertönt von Zinkys lautem, zermürbenden Ruf:
"Wir haben beliiiebig viiiele Kräfte!!!"

Das Krachen zerberstender Knochen jagt EPI kalte Schauer über den Rücken, als sich Ossi im Vorbeifahren eine Ente grapscht und sie verspeist, verfolgt von einem springenden Epikarp, der sich dasselbe Opfer auserkoren hatte, sein fürchterliches Gebiß vergeblich in den schwarzen Nachthimmel reckte und das grauenhafte Geräusch seiner zuschnappenden Kiefer an EPIs Ohren sandte.

So wütend wurde der Epikarp ob seines Mißerfolgs, daß sich sein rechtes Auge grün, das linke rot und das mittlere weiß färbte, er auf seiner Schwanzflosse emporgerichtet über das Wasser ritt und schnappte und schnappte und schnappte, bis er in Quasimodos Reichweite geriet, der ihn alsbald am Schwanz packte und seinen Schädel krachend auf die Bordwand seines Bootes hieb, bis das Leben aus seinem Körper entwichen und seine Seele aus ihm entflohen war.

Danach barg Quasimodo den Fisch an seiner Brust, um ihn später genüßlich zu verspeisen nach dem alten Motto "Ganz im stillen und in Ehren gut gebraten zu verzehren".

Jetzt sind die Verfolger fast heran. EPI spürt OPAs Tabakatem heiß in seinem Nacken, kann aber seine zupackenden Pranken sich windend just noch abstreifen. Dann jedoch hört er mit Grausen hinter sich ein lautes Sausen. Er wendet sich um und erblickt zu seinem Entsetzen Quasimodo, der aufrecht im Boot steht und einen riesigen Drehstahl schwingt. Schon fliegt das Ding, und krachend durchschlägt es die Bordwand. EPIs Boot ist leckgeschlagen und beginnt beängstigend schnell zu sinken.

In diesem Moment der höchsten Lebensgefahr wächst der kleine Mann wahrhaftig über sich hinaus: Er funkt kein SOS, nein, er läuft mit wirbelnden Füßen über das Wasser davon, die wütende Meute weit hinter sich lassend.

Indes, seine kopflose Flucht führt ihn ins Verderben, denn er rennt blindlings zur Fachhochschule, um seine Rettung hinter den dicken blauen Türen seines Labors zu suchen. Dort aber harren schon die restlichen Monstren seiner, gestärkt durch Monstro, Granulat, Trafoöl und Salzsäure. Sie ergötzen sich soeben an Laugen, Alkoholen und Mixturen aus Reagenzgläsern, Retorten und Büretten, als das Getöse draußen vom Herannahen der Jägergruppe kündet.

Alsbald ist EPI umstellt und gefangen, das Eingreifen Snurps und einiger anderer Leibeigener ist angesichts der Übermacht vergebens. Snurp, im Eifer des Gefechts heftig gebeutelt und zerzaust, wird in seine Dunkelkammer eingesperrt, die anderen Sympathisanten EPIs hingegen in OPAs Gruft, damit sie ihres Anführers beraubt seien.

EPI selber wird mit extra weichem Blumendraht gebunden, den er so sehr haßt, denn "da ist von Härte nichts zu spüren!" Dann wird EPI auf dem Abort nahe des Werkstoffkunde-Labors eingesperrt und von einigen Monstern sorgsam bewacht.

Das Ende

Nach des EPIs Gefangensetzung wurde alsbald eine Monstervollversammlung für den kommenden Morgen einberufen, die nach einer erstaunlich kurzen Debatte die folgenden Beschlüsse faßte:

- EPIs Name soll fortan klein geschrieben werden.

- Epis Kiste soll zu Kleinholz gemacht und den lodernden Feuern des Heizkessels der Fachhochschule übereignet werden, ebenso alle seine schriftlich niedergelegten Traktate.

- Epis selbstverliehener Titel "Major" ist ihm abzuerkennen, statt dessen soll er "Professor ironis causa" genannt werden.

- Epi ist seiner sämtlichen noch verbleibenden Ehrenrechte zu berauben. Insbesondere ist das Granulat von seinem Speiseplan zu streichen und durch Monstro zu ersetzen. Die Krawatte ist ihm zu nehmen, und ~~seine Aborte~~ die Benutzung des Aborts ist schärfstens zu beobachten gemäß den Gesetzen des deutschen Monsterlandes zur Behandlung von Untersuchungsgefangenen, nach denen man sich auch mit (Unter-)Hose oder (-)Hemd zu strangulieren vermag, etcetera pp. bla, bla.

- <u>Epi soll bestraft werden mit seiner Lieblingstätigkeit:</u> dem MONSTERRECKEN!

Ergo: eine entsprechende Maschine mußte her, angepaßt an seine kleine Gestalt, und OPA stellte die unheilschwangere Frage:

"W O L L E M E R K O N S C H T R U I E R E ?"

129

Sie wollten! Doch waren sie auch über das Ziel ihrer Mühsal eines Sinnes, so herrschte doch unter ihnen zum Teil eitel Zwist und Hader ob des Weges dorthin. Unter anderem schlug Zinky natürlich vor, daß beliiiebig viiiele Kräfte angetragen werden müßten an den Cooosinus des Winkels Alpha. Der Überschneider gab ihm in diesem Punkte zwar Recht, verlangte aber Resultate und verkündete: "Also sage ich, spreche ich: Schieben Sie es jetzt gleich gerade einmal durch, nicht wahr?" Und als ihm nach einer Weile noch nichts zu Ohren kam: "Nun, wissen Sie es? Sagen Sie an!"

Als aber von Zinky beileibe keine Antwort kam, nahm das Gesicht des Überschneiders die Farbe seines Automobils an (taubengrau). Er umarmte seine Aktentasche, wie immer, wenn er sich seiner nicht sicher war und fragte zornig: "Nun, wollen Sie es nicht sagen? Oder trifft Sie das ganz unvermittelt heute morgen?"

Zinky aber tat ihm ganz flotzig kund, daß er derzeit keine Lust habe, das Kräftesystem freizumachen, worauf der Überschneider meinte: "Dann werde ich es Ihnen gerade mal sagen. Ich diktiere, schreiben Sie auf!"

"Jawohl", bestätigte Hobby, "nehmen Sie Papier! Datum, Überschrift."

Als aber einer der Umstehenden nach einem sauberen Blatt griff, da stürzte Finsty unversehens herbei, riß es ihm aus der Hand und fuhr ihn in völlig sinnloser Wut an: "Tun Sie den Schmierlappen weg !!!" Dann eilte er in sein Labor, um einen seiner krakelig geschriebenen, schlecht kopierten und deshalb fast unleserlichen Vordrucke zu holen, die das "Monster mit der halben Brille" diensteifrig für ihn aus einer staubigen Schublade hervorzerrte.

Währenddessen ging die Debatte unter den anderen Monstern weiter. "Wie machen wir das jetzt am ungeschicktesten?" fragte OPA.

"Es muß auf jeden Fall von freier Hand gezeichnet werden", meinte Ping-Pong, "Pupps und Ohren haben und ganz symmetrisch sein."

"Ach was", entgegnete Tippy gelassen, "Symmetrie ist die Ästhetik des kleinen Mannes, der kriegt da denn ein höheres Lustgefühl bei. Das muß ein vigelinscher Mechanismus werden mit mechanischer Bremsung, da weiß man, was man hat! Dann kommt da noch das politisch neutrale Drahtseil dran, ohne Rechts- und Linksdrall, und dann am Ende ein Backenzahn drauf. Das gibt'n tollen Seilbesen, so'n richtig ssstruppigen Besen, so'n borstigen Apparat!"

Der Mein-der-Mann! teilte seine Begeisterung und meinte, stets wirtschaftlich denkend, er habe wohl noch etwas dem gemeinsamen Zwecke Dienliches in einem recht verborgenen Winkel seines Hühnerstalls: "Eine typische Presse mit einem Kilo Getriebe."
"Nein, nein", wehrte Tippy ab, "lieber nicht. Robben in der Hühnerkakke ist nicht jedermanns Sache. Da bau'n wir uns lieber was ab vom Bonzenheber, unserem kleinen, verschlossenen Dozentenfahrstuhl."
Dieser Vorschlag stieß auf allgemeine Zustimmung.

Nunmehr beschloß man, Flexy zum Einsatz der ~~Hygrausig~~ Hydraulik zu befragen, und dieser hub an: "Meine Herren, meine Damen -- ach so, sind ja keine da, also: Meine Herren ...", und legte im folgenden ausgiebig die Vorteile von Eilaus und Eilein und Kuhzu und Kwapp dar, was aber kaum jemand so richtig verstand.
Einzig der Turbo-Tanzbär, der Geheimnisse der Strömungen kundig, bemerkte, gravitätisch tänzelnd: "Jetzt sind wir am Ball, jetzt der krönende Abschluß! Nach dem Gesetz von Hagel und Petersilie (Anm.: Gemeint war wohl das Gesetz von Hagen und Poiseuille) haben wir es hier mit einer strömungsbehafteten Strömung zu tun.
Und ich weiß alles, außer V-Punkt!"
Finsty, der gerade mit einem seiner Schmierlappen in der Hand aus seinem Labor zurückgehastet kam, hatte den Versprecher nicht ganz mitbekommen und dienerte sich seinerseits mit einem solchen an:
"Ja, und es ist leicht einzusehen, daß im Radialrad die statische Druckerhöhung höher ist als im Radialrad", und gab es ihnen schriftlich.

"Hundertprozäntäch!" pflichtete Quasimodo ihm bei, und der Haudegen vom Barrymount, auch 'Hustinettenbär' genannt, regte an:
"Hrrr-rrrm, eine schwingungsdämpfende Unterlage sollten wir aber unbedingt konstruktiv vorsehen. Ich könnte da meine Barrymounts empfehlen." Der Vorschlag wurde begeistert angenommen, und der Haudegen verließ voller Stolz hocherhobenen Hauptes die Runde, fuhr Ford, kam aber zu aller Erstaunen später wieder.

Nun wurden die E(sel)techniker zu ihrem Beitrag zum gemeinsamen Werk befragt. Der pausbäckige Porky wußte nur zu empfehlen, mit einem Superkalamonster-Taschenrechner auf einem Zahlenfriedhof herumzumonstern. Dann blickte er demutsvoll zu seinem Assistenten Lissy auf, dem Krümelmonster, dem er untertan war. Dieser sagte lediglich zynisch: "Ich sehe schon, Sie wollen schnell fertig werden!"
Als ob dieses Mangels an Hilfsbereitschaft bei den anderen Monstern

Empörung anhub, erklärte sich endlich Aron bereit, gegen einen Teller Linsensuppe mit seiner gleichnamigen Schaltung auszuhelfen, und der Ritter von der Burg am Holze versprach bei seinem Barte, alle erforderlichen Richter bereitzustellen: Gleichrichter, Wechselrichter, Umrichter und Stromrichter, und zur Vergrößerung der Qual noch eine besonders gierige Saugdrossel.

War man sich nun auch bis hierhin einig geworden, so herrschte dennoch unter einigen Monstern immer noch arge Zwietracht ob der Details der Konstruktion. Verzweifelt bemühte sich Moser, die Gemüter zu besänftigen: "Wir müssen doch nu' mal zu Beginning kommen mit unsere Viecher, die wir auf'm Kieker haben. Das ist doch so keine Effekität hierch! Das geht doch nur um ein paar Hundertstel-Millionstel kleiner Mü hierch. Das müßt ihr doch sehn, das ist doch der Schorsch hierch, das juckt doch, hierch! Wo nix is, da is nix, hierch. Das nackte Blech hierch, was wird da für'n Knochen rauskommen?"

Der kleine Didi beantwortete die Frage wie immer mit seinem schüchternen "Bitte, meine Herren, ...", Ossi hingegen mit einem entschiedenen "Öhm", dem allerdings Hobby ein ebensolches "Zeichnen wir Details. Wie machen wir das? Ganz einfach, wir schauen im Manuskript nach. Nehmen Sie Papier!" entgegenhielt, das aber schier hinweggefegt wurde durch OPAs gewaltiges "UNGESCHICKT!!! Das machen wir anders!! Da nehmen wir doch empirische Werte aus dem Baggerbau!"

So geschah es dann letztlich. Man monsterte, grübelte und würfelte, und dann wurde MONSTRECK gebaut. Quasimodo hüpfte von Maschine zu Maschine und zerspante wie der Teufel. Die Drehstähle glühten, die Fräser ächzten, und die Bohrer sandten die Stimmen ihrer Qualen mit schrillem Pfeifen durch die Lüfte. Als dann die Bohrungen mit der Reibahle aufgerieben wurden, drang das Wimmern des vergewaltigten Materials durchdringend in die Ohren des Haudegens, der mit Akribie die Rauhtiefe prüfte, und des OPA, der die Lager in ihre Bohrungen einpreßte, wogegen sie sich mit heftigem Stuckern und Eckeln zu wehren versuchten.

Charly erweckte seine Tafelblechschere zum Leben und trat ihr auf den Schwanz. Wummernd und stöhnend fraß sie sich daraufhin durch das blanke jungfräuliche Blech und zerhackte es gnadenlos in kleine Stücke, zum großen Vergnügen des Relam, der ansonsten nichts zum gemeinsamen Werk beitragen konnte.

Wenn es um die Praxis geht, benötigt man halt keine Kaufmichel, und die stehen dann dem Lauf der Produktion nur im Weg.

Nun richtete Charly die Brennerdüse seines Schutzgas-Schweißgerätes auf die zerstückelten Blechteile, die einmal eine stolze Blechtafel gewesen waren, und drückte den Kontaktknopf. Alsbald wurde das unschuldige Material unbarmherzig vergast und unmittelbar hernach der elementaren Gewalt der elektrischen Entladungen des Lichtbogens ausgesetzt, vor dessen fürchterlicher Hitze es sich durch Schmelzen und Davonfließen zu retten versuchte, um nach dem Weiterwandern des Lichtbogens dann in Ehrfurcht zu erstarren.

Elvis prüfte singend mit dem Beil die Maßtoleranzen. Ja, sogar die Betriebswerkstatt erwachte aus ihrem Dornröschenschlaf, nachdem man ihr eine Kiste JePi spendiert hatte, und man sägte, feilte, bohrte und hämmerte, daß es nur so eine Lust war!
OPA persönlich nuddelte die Schrauben mit einem Drehmomentschlüssel, der einer riesigen Zigarette ähnelte, ächzend gemäß dem Verspannungsdreieck an. Quasimodo und Aron schleppten Kraftmeßdosen herbei und stöhnten unter deren Last.

Das rollende Rumpeln rasselnder Räder ließ die Gänge erzittern und schwoll zu blechernem Geklapper an, als Charly den seinem Fleiß erwachsenen und unter seinen Händen entstandenen Hydrauliktank auf einem Hubwagen hereinfuhr. Flexy baute eine Pumpe in den Tank ein und verschlauchte die ~~draulige Hygrausig~~ grausige Hydraulik. Aron verkabelte den DAS-Motor der Pumpe, Dietlinde zum Gedenken dabei hämisch grinsend, und als Snurp in der Dunkelkammer zu toben anfing, stopften sie ihm den Hals mit Granulat.

Nach dem Probelauf der dem Schmalz ihrer Hirne und dem Schweiß ihrer Angesichter entsprungenen Maschine versammelten sich die Monster, und unter großem Gejohle holten sie Epi herbei. Der Weg des Erbarmungswürdigen, in ölige Putzlappen gehüllten vom Abort bis zum Monstreck glich einem Spießrutenlauf im alten Preußen, hatten sich doch die Monster grölend entlang des Ganges aufgestellt und eines jeden dürstete es nach Rache. Am Ziel angekommen fragte OPA den Delinquenten donnernd nach seinem letzten Wunsch.
Epi wollte noch einmal auf seine Kiste, noch einmal der Major, der Größere sein, einmal noch der große EPI!

Noch war die Kiste nicht zerlegt, der Wunsch wurde ihm gewährt und die Kiste gebracht. Doch als Epi erst einmal darauf stand, hob unter den Monstern ein gewaltiges Buhrufen und Pfeifen an. Also holten sie ihn alsbald wieder herunter und schnallten ihn auf das Monstreck, dabei singend: "O spannt ihn ein, o spannt ihn ein ..." Welch geile Spanner waren sie, wie tief saß ihnen die Schmach der erlittenen Qualen in den Knochen!

Alsdann wurde Monstreck aktiviert und etwas Vorspannung aufgebracht. In diesem Moment flog eine Tür mit einem furchtbaren Knall in den Raum - nein, glaubt jetzt nur nicht, daß es der Rektor und die GSG 9 waren, die zu Epis Befreiung nahten. Die wußten ja von nichts, denn einer vom Epistein leidet schließlich wie ein Held und ohne zu klagen. Lediglich ein Stoßgebet an den Kirschengott hatte sich seinen Lippen entrungen, doch daraufhin geschah nichts.

Nein, der Knall rührte von Snurp her, dem das Granulat derart wieder hochkam, daß es die Tür der Dunkelkammer herausschoß. Unter Androhung einer Vorspannung in Höhe von $\sigma_{0,2}$ sowie einer gleichzeitigen schmerzhaften Horrorskop-Untersuchung wurde er in die Monsterecke gestellt und von Quasimodo, der einen schweren und sehr sorgfältig geschärften Drehmeißel in der Hand hielt, bewacht.

Dann vollzog sich die Rache der Monster, doch ich breite den Mantel des barmherzigen Schweigens über das nun folgende grausame Spiel. Überhaupt drang auch niemals nach außen, was genau sich hinter jenen dicken blauen Türen abspielte, die jedweden Laut so trefflich zu dämpfen vermochten.

Lediglich aus dem studentischen Untergrund tauchte ein Pamphlet auf, das ich nachfolgend, der Chronistenpflicht genügend, publiziere, von dem ich mich aber allein schon wegen des Umstands distanziere, daß Epi auch nach der Rache der Monster noch lebend an der Fachhochschule gesehen wurde, wenn auch nicht in seinem von früher her gewohnten Glanz, sondern lediglich als ein Gleicher unter Gleichen:

Als ein halbwegs normaler Dozent.

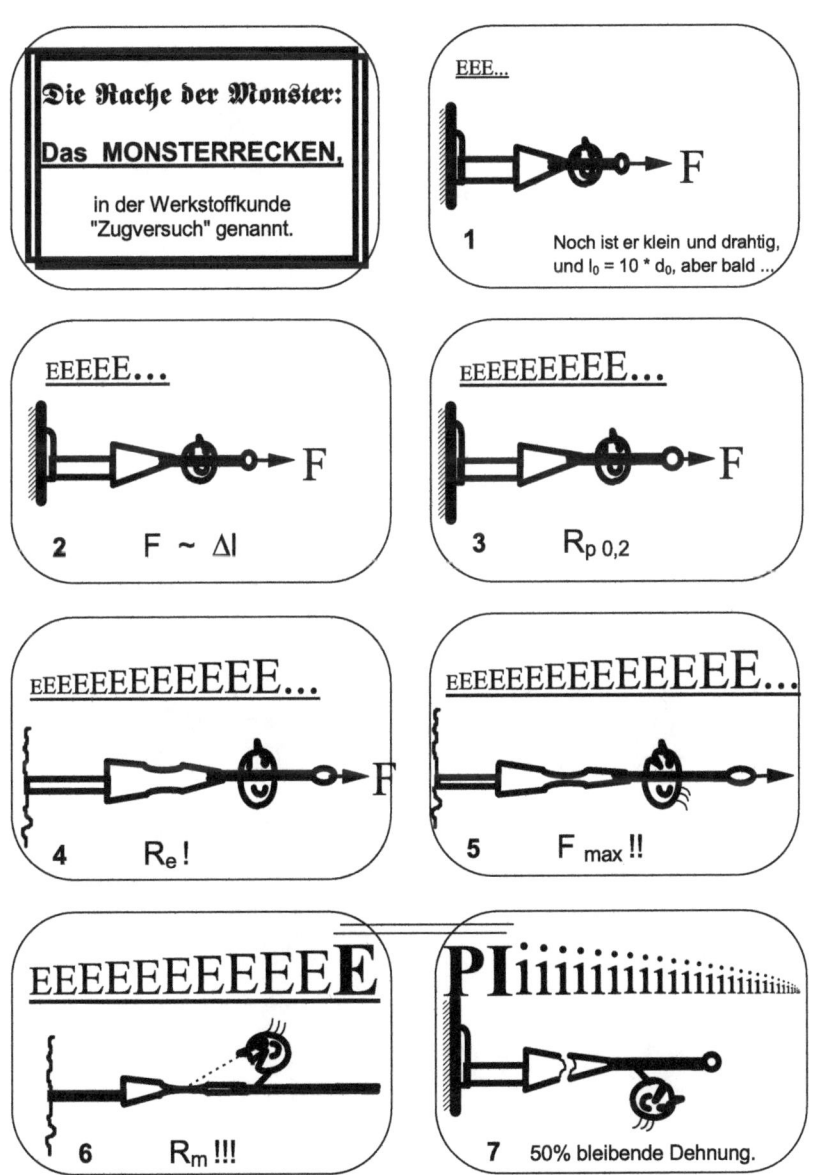

Die Rache der Monster:

Das MONSTERRECKEN,

in der Werkstoffkunde
"Zugversuch" genannt.

EEE...

1 Noch ist er klein und drahtig, und $l_0 = 10 * d_0$, aber bald ...

EEEEE...

2 $F \sim \Delta l$

EEEEEEEE...

3 $R_{p\,0,2}$

EEEEEEEEEEE...

4 R_e !

EEEEEEEEEEEEEE...

5 F_{max} !!

EEEEEEEEEEE

6 R_m !!!

PIiiiiiiiiiiiiiiiiiiiiiiii...

7 50% bleibende Dehnung.

Epilog

Sic transit gloria mundi.

So vergeht der weltliche Ruhm, und die uralte Weisheit "Wer sich selbst erhöht, der wird erniedrigt werden!" hat sich auch hier in vollem Umfang bewahrheitet. Und wie so manche Geschichte, so hat letztlich auch diese eine Moral, die sich kurz und bündig in die Worte fassen läßt:

Und die Moral von der Geschicht:
Schaff' und quäle Monster nicht!

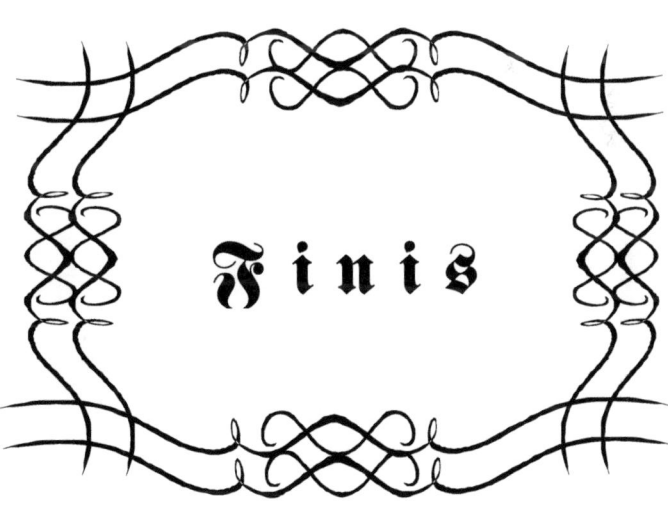

Finis

Anhang 1: Verzeichnis der Hieb- und Stichworte.

Episterminologie

Eine Aufstellung aller epimonstrischen Begriffe.

Anhang 2: Alle Monster auf einen Blick.

Epimonstrie

Eine Aufstellung aller bekannten epischen Monster.

Aron	91f, 104, 132f, 138
Beil	95, 133
Charly	102f, 105f, 132f
Didi	58f, 66fff, 81f, 91, 96, 126, 132, 136
Dietlinde	27, 88f, 91f, 133
Finsty	27, 106f, 130f, 138
Flexy	27, 108ff, 131, 133
Gummibeil	55
Haudegen	73f, 131f, 136
Hobby	97f, 100ff, 130, 132
Lissy	88, 131, 138
Little Fork	69
Mawei	26, 57f
Mein-der-Mann!	35, 69f, 131
Moser	27, 70fff, 78, 94, 96, 126, 132
OPA	19, 25f, 31, 34, 37, 41, 50, 55, 60ff, 64, 67, 77, 81f, 94, 96, 101, 126 bis 130, 132f
Ossi	76f, 82, 96, 126f, 132, 138
Ping-Pong	104f, 130
Porky	85f, 88, 92, 131, 138
Quasimodo	73f, 126ff, 131fff, 136
Relam	63f, 132, 136
Snurp	5, 54f, 58, 100, 113f, 125, 128, 133f
Tippy	75f, 93, 130f
Turbo-Tanzbär	80f, 95, 131
Überschneider	27, 78fff, 130, 138
Zinky	26, 64f, 77, 82, 96, 124, 127, 130, 136

Anhang 3: Abbildungen und Gesänge.

Artefakte und Epikanten

Monströse Bilder

Grausliche Gesänge

Gesehen und testiert:

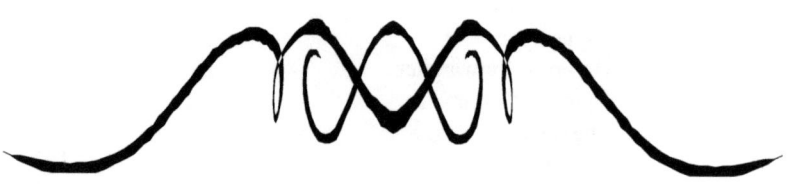

(Monster)